# 秋田藩大坂詰勘定奉行の仕事

## 「介川東馬日記」を読む

金森　正也

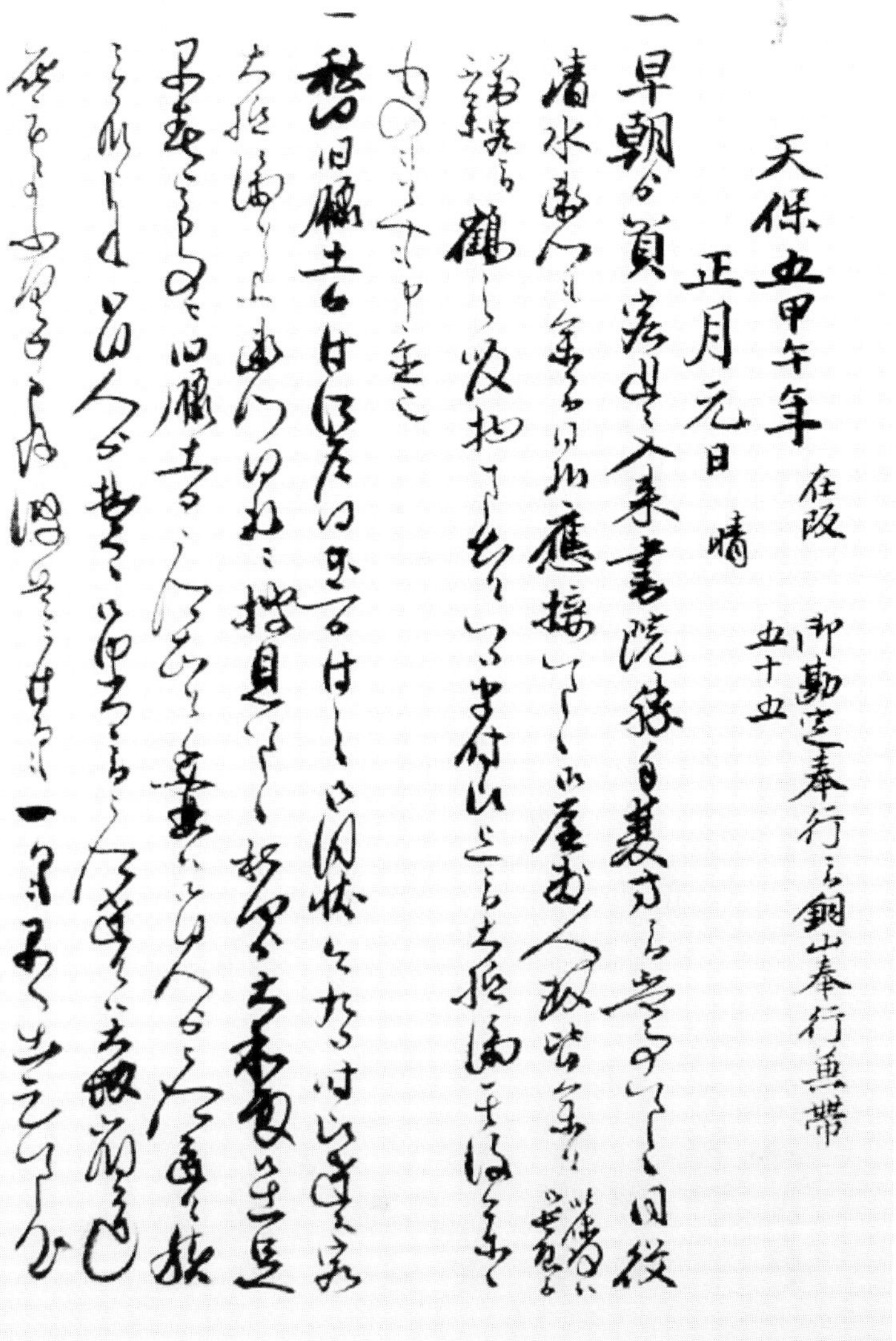

天保五甲午年

正月元日　晴　在阪

御勘定奉行并銅山奉行兼帯

丑十丑

一早朝御賀客出入来書院縁自裏方を以御目見同役

清水源次郎年始罷出候處是より人数有之

鶴之収拾

一皆日廊下廿日在

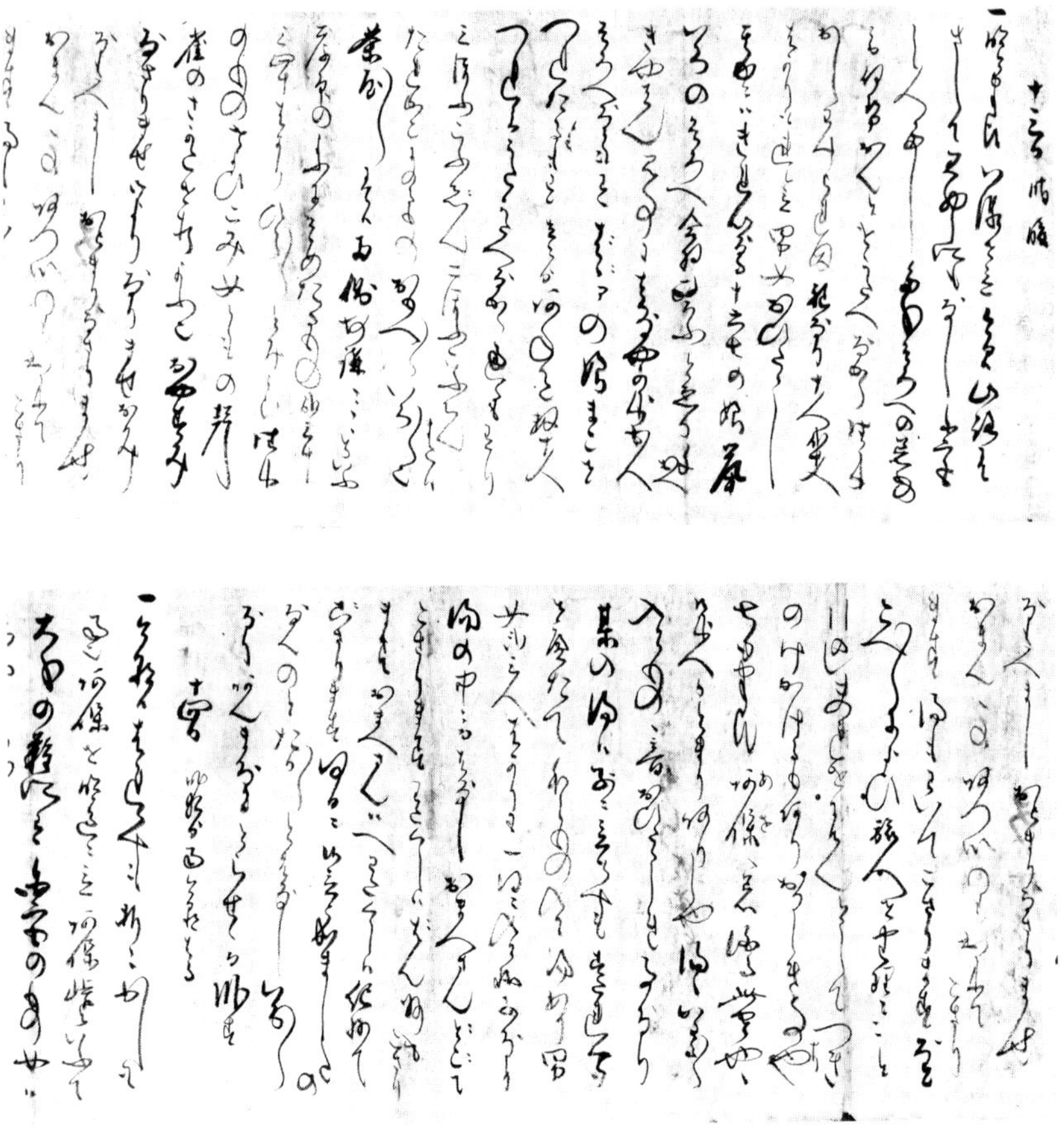

介川東馬筆「伊勢参宮御代参道の記」（秋田県公文書館）　本文195頁関連

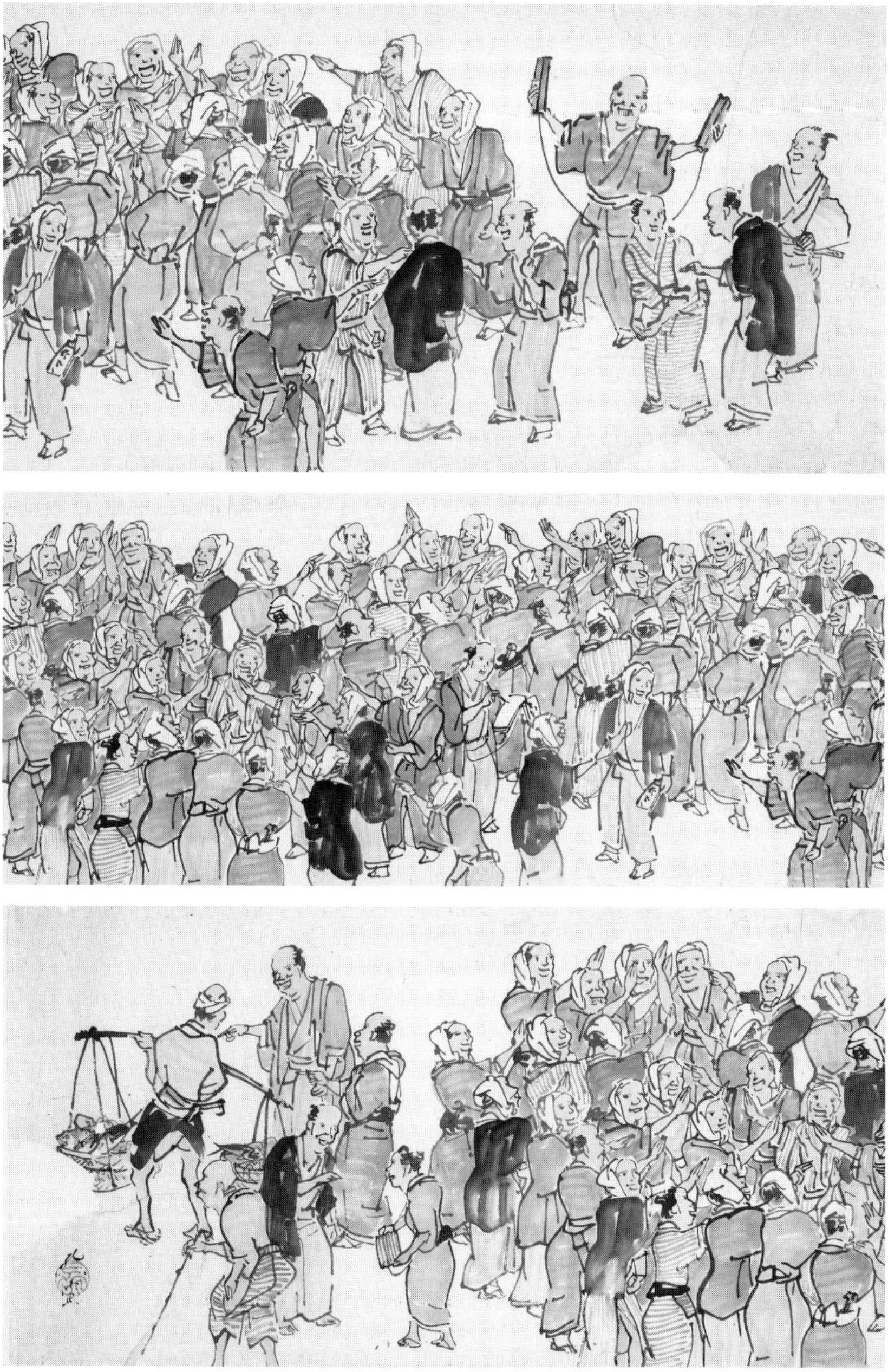

**長山孔寅筆「米市の図」　大阪府立中之島図書館所蔵**
（横長の作品で３場面に分割して示した）

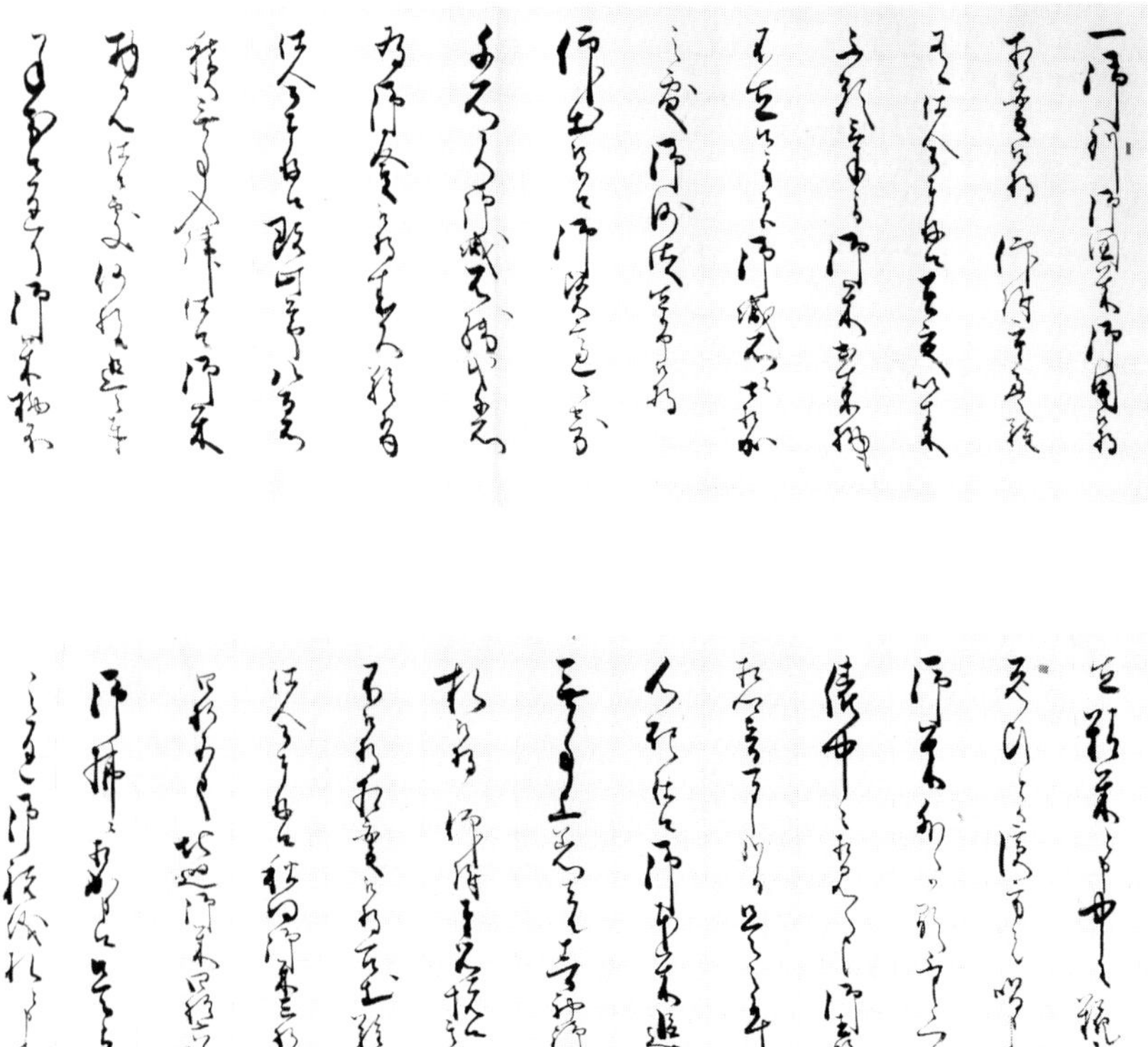

金易右衛門宛加島屋定八書簡（部分、文政11年）　本文180頁関連

# はじめに　―情報は大坂に求めよ―

有名な大坂の豪商・鴻池善右衛門《こうのいけぜんえもん》のもとで支配人を務め、のち独立して鴻池の屋号を許された商人に、草間伊助《くさまいすけ》（直方《なおかた》）という人がいる。草間は学者でもあって、「三貨図彙《さんかずい》」というすぐれた経済書も著している。

この草間に、熊本藩が財政援助を求めたことがある。その時草間は、それを婉曲《えんきょく》に断りながら、藩財政の運営について助言をまとめ、熊本藩の勘定方の役人に渡している。「むたこと草」（無駄事草の意。熊本県立図書館。写本）と題したそのリポートのなかで、草間は次のように書いている。

「重職の方は、頼み事があると主人が承知さえすればどうにかなるとお思いがちですが、大きな商家となるとそのように簡単なものではございません。主人は座元の看板みたいなもので、なかなか一存では決められないことが多いのです」。

ここで「重職」というのは、藩が大坂に派遣してくる家老たちのような上級家臣のことである。要するに、ご家老たちはすぐ主人を相手に金の無心をしがちだが、大店《おおだな》の主人など看板みたいなもので、それに相談しても実際の役にはたたないとし、かえって長年勤めてきた支配人や手代と親しく付き合うことを勧めている。

続いて草間は、ある東国の藩の事例として、大坂に家臣を出張させるさいには必ず日記をつけさせ、「大坂に逗留中のことは、借金の相談はもちろん、訪れた場所、受けたふるまい（もてなし）や料理のこと、日々の来客・諸国の珍事など、さまざまの雑談雑話」まですべて記録させ、国許《くにもと》に帰ったら重臣の手を通して藩主まで提出させることが大切だとしている。草間に言わせれば、「三都のなかでも、大坂は諸国の産物はもちろん、いろいろな人間が集まってくる場所であり、諸国の事情・様子を知るうえで一番の都市だ」というのである。

江戸時代の大坂は、「天下の台所」と言われ、諸国の米や物産が集まり、ふたたび商品として各地に送り出されていった。多くの藩が、財政を良好に維持するために大坂に蔵屋《くらや》敷《しき》を設け、自国の物産を受け取り、特定の商人たちと契約を結んで、その物産の商品化・販売・管理を委託した。草間は、それだけでなく、最多の情報が集まる町だとも言っている。だから、大坂で得られた同時代人の記録があれば、これは精読に値する史料と言える。

実は、これから読んでいく「介川東馬日記」は、草間が指摘する要素をほぼ満たしている史料なのである。大坂商人との交渉、都会の文化についての戸惑いと驚き、人との邂逅、信頼・期待・失望・怒りなど、ほとんどそのすべてが収められていると言ってよい。

本書は、「秋田魁新報」において六〇回にわたって連載した記事をベースにしている。そのため各項目は読み切りを原則としたテーマ別であり、かならずしも時系列になっていない。また、一部記述が重複してしまっている部分もある。読者の読みやすさを考えて引用史料はすべて読み下し文に直した。ただし、原文で用いられている文字はなるべくそのままにして、難解な部分にはルビを付した。読みやすさを考えて、一部ひらがなに濁点をつけた。また大阪は、江戸時代は「大坂」と記載されることが多く、本書ではすべて「大坂」に統一してある。

「藩」という世界は領地内だけで完結しているわけではない。空間的には遠くにある大坂という視点を加えることで、まったく新しい近世の秋田が見えてくる。これから介川東馬の日記によりながら、新しい「藩世界」にご案内しよう。

# 目次

## 第四章◆殖産と上方商人



## 第五章◆上方日々断章

# 第一章 ❖ 東馬、大坂へ登る

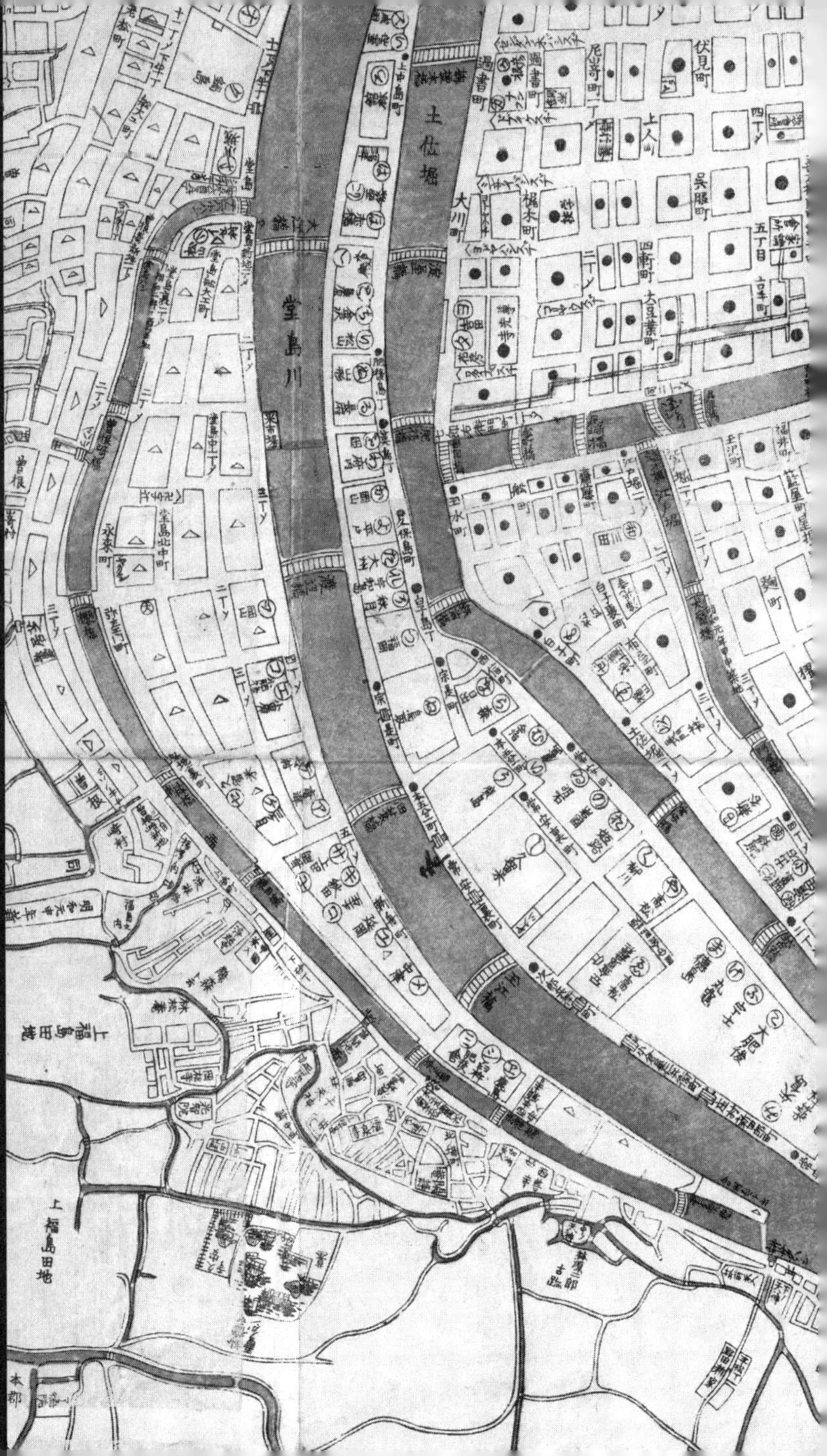


図1 「増脩改正摂州大阪地図」部分 堂島蔵屋敷付近。国立国会図書館デジタルコレクションより。

## 三十五歳、はじめて大坂に登る

文化十三年（一八一六）、五月二十三日の八つ時（午後二時ごろ）、秋田藩勘定奉行介川東《すけがわとう》馬《ま》は京都伏見《ふしみ》に着いた。秋田を発ったのが同月の三日で、ちょうど二十日間の旅であった。

伏見では、雑喉屋《ざこや》太兵衛の宿にたち寄った。大坂に登る秋田藩の役人は、ここで一服するのが慣例であった。七つ時（午後四時ごろ）過ぎ、ここから船に乗り、淀川《よどがわ》を下って、大坂堂島《どうじま》にある藩の蔵屋敷をめざす。日記には、「壱艘借きりなり。天気よし」とある。天満橋《てんまばし》を過ぎたあたりから大きな中洲《なかす》になっていて、堂島川《どうじまがわ》となる。その堂島川をさらに下り、中洲の中央を過ぎて細くなり始めたあたりに、秋田藩の蔵屋

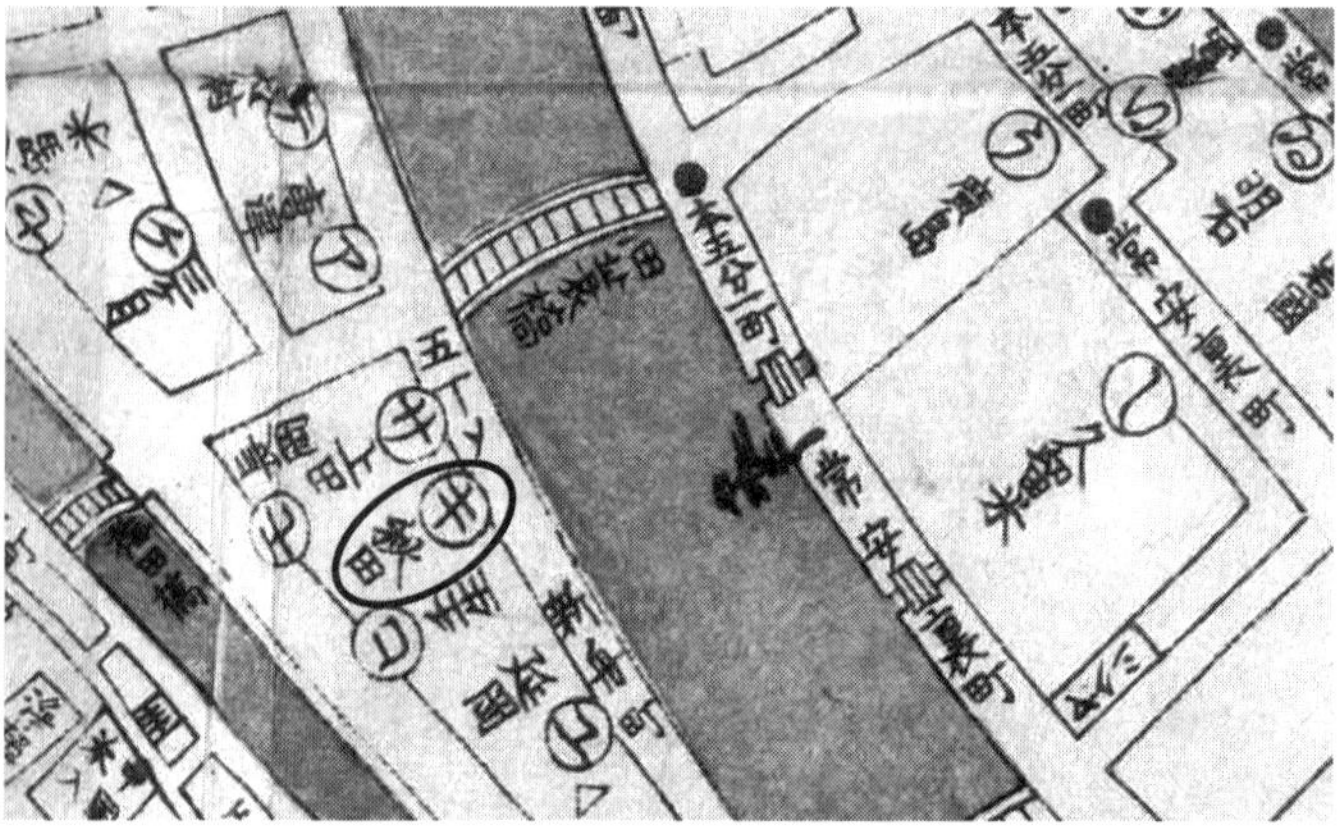

図２　「増脩改正摂州大阪地図」部分。堂島蔵屋敷付近
国立国会図書館デジタルコレクションより。
太線で囲ったところが秋田藩の蔵屋敷。

敷があった。淀川の流れの状態はよく、船下りははかどった。翌二十四日の記事に、到着は「昨夜九ツ時（午前十二時）過なり」とあるから、深夜に屋敷に着いたのである。

この年、介川東馬は三十五歳、初めての登坂《とはん》であった。介川は寛政七年（一七九五）、十六歳で九代藩主佐竹義和《よしまさ》に出仕。表方《おもてかた》（行政や財政を担当する役職の総称）で頭角をあらわし、文化七年（一八一〇）財用《ざいよう》奉行となり、同九年には勘定奉行（銅山奉行兼帯《けんたい》）に就任した。大坂に登った年に家督を継いでいるが、その時の禄高は六六石余であるから、下級の武士と言ってよい。

「はじめに」で述べたように、江戸時代の大坂は、「天下の台所」と言われ、日本経済の中心地だった。特に堂島には米市場が立っていて毎日取引が行われていたから、全国の大名の蔵屋敷が集中していた。一九世紀初頭の様子を示した「増脩改正摂州大阪地図」をみると、堂島一帯には夥しい数の大名の蔵屋敷が設けられている（図1）。秋田藩蔵屋敷の両隣には、上田《うえだ》藩と壬生《みぶ》藩の蔵屋敷があり、堂島川の向こう岸には、広島藩と久留米《くるめ》藩の蔵屋敷が見えた。この二つの蔵屋敷の敷地は、秋田藩の数倍はあるように見えた。

それぞれの大名には、蔵元《くらもと》と呼ばれる商人のほか、出入りを許され、さまざまな取引を行う複数の商人たちがいた。彼らを館入《たちいり》という。彼らは、大名の必要に応じて調達銀《ちょうたつぎん》などを提供して大名の台所に融通し、その急場を救うこともあった、いわゆる大名貸《だいみょうがし》である。秋田藩の場合、御登せ米（藩の名義で大坂に送った年貢米）の管理のほか、長崎御用銅の回漕にかかわる関係上、幕府の銅座役人との交渉も、大坂詰勘定奉行の仕事であった。だが最も重要だったのは、蔵元や館入といった上方商人との折衝だった。一筋縄ではいかない彼らとの交渉の様子を、介川は克明に日記に残した。

## 藩主義和の改革をささえる

ここで、介川東馬（通景《みちかげ》）の履歴を簡単に見ておきたい。彼の経歴は、秋田県公文書館が所蔵する「介川緑堂勤年数」と「勤仕書上」という史料によってその概略を知ることができる（ともに「東山文庫」。秋田県公文書館。以下県公文書館と記す）。緑堂《ろくどう》は号で、今もご子孫の方は親しみをこめて「ろくどうさん」と呼んでいる。

十五歳で学館《がっかん》（藩校）に参学生《さんがく》として入学を許され、学問との接点が生まれた。参学とは、勤学生《きんがく》と違って藩からの奨学金は出ないものの、学館の蔵書の閲覧を許された学生である。

寛政七年（一七九五）、九代藩主佐竹義和《さたけよしまさ》に出仕《しゅっし》し、幼名亀治を東馬と改めた。その年のうちに学館の素読御試《そどくおんし》（出仕のさいに学館によって行われる試験で、中国の古典を音読する）を済ませ、大番組《おおばん》へ入り、二人扶持《ににんぶち》を支給されている。そして、同八年正式に学館の勤学生となった。

文化元年（一八〇四）には、局住《へやずみ》のまま副役《そえやく》に就任している。副役とは、奉行職の補佐役であるが、実務を取り仕切る重要な役職で、ここからさまざまな奉行格（上級官僚）に昇進していく。実際に、介川はこのあと、財用奉行を経た後、勘定奉行（銅山奉行兼帯）に就任している。この後、天保九年（一八三八）に役を解かれるまで、実にあしかけ二十七年にわたって勘定奉行を務めたことになる。彼の実務能力の高さと堅実さが評価されていたことを物語る。

この間、文政十年（一八二七）には、一代宿老《しゅくろう》席を許されている。これは、本人一代限りの廻座《まわりざ》格（秋田藩の家格の一つで門閥クラスの家臣団）に列することを許されたものので、これ以上の家格から家老が選抜された。実際、介川と同様に、諸士から一代宿老席を許された中安主典《なかやすさかん》や金肇《こんはじめ》などは、家老または家老加談《かだん》に就任しているから、介川にもその可能性はあった。

藩主義和が力を入れた政策の一つに、人材の育成ということがあった。その目的は、藩主の意思を正しく理解し、その政策を確実なものとしていく官僚の育成であった。その方法は、学館での教育を徹底し、その過程における評価を基準にして、各役職に取り立てていくというものだった。

藩主といえば、強力な権限を持っているように思いがちだが、しょせんは江戸育ちの殿様で、国許の大身《たいしん》の家臣たちは小姑のような存在である。面従腹背《めんじゅうふくはい》の大身家臣たちは少なくない。新しいことを実践しようとすれば警戒もされる。そのため義和は、時間をかけて自分に忠実な官僚の育成を図ったのである。

もちろん、事務能力の高さはもっとも重要視

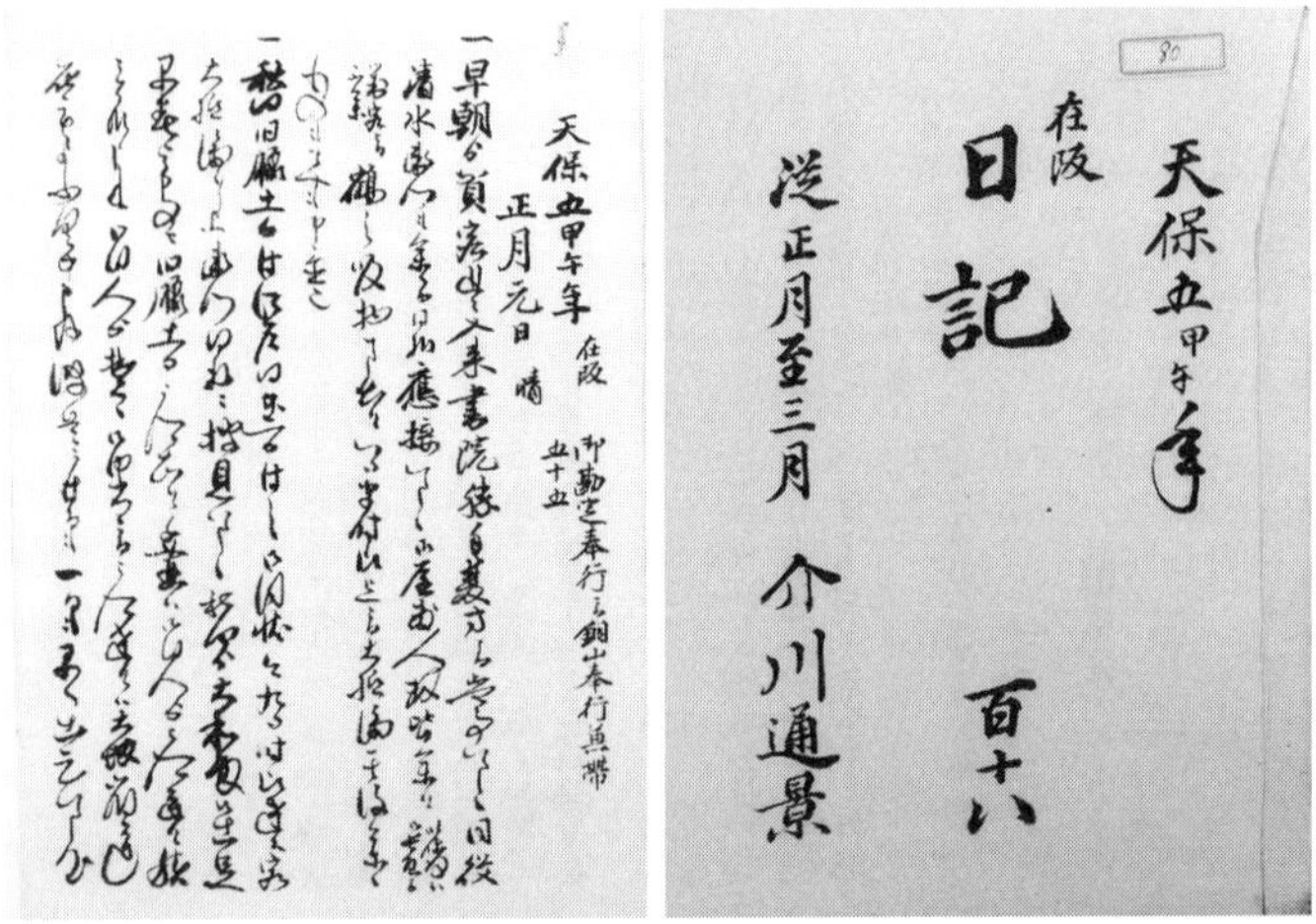


図３　「介川東馬日記」（写真本・秋田県公文書館所蔵）。表紙および見開き部分。

された。介川も、その一人であった。

介川の日記は、現在ご子孫の方が所蔵しておられるが、県公文書館で写真本を見ることができる。介川自身の手によって表紙に書かれた冊子番号は一五〇までであるが、以前付されたと思われるラベル番号と介川自身が記した冊子番号を比較すると何冊か欠本になっているようである。

介川は几帳面な人であったらしく、新年を迎えた最初の頁には必ず自分の年齢と役職を記している。後期の秋田藩政を知るうえで珠玉の史料である。

## 屋敷には長大な米蔵

初めて大坂に登った介川は、それまで大坂留守居《るすい》であった勘定奉行熊谷惣助《くまがいそうすけ》と入れ替わるように、蔵屋敷の留守居役の住居に入った。早晩帰国する熊谷は、大坂市中の借宅に移った。

大坂蔵屋敷は、すでに述べたように淀川の中洲《なかす》にあった。前後を堂島川と細い水路で挟まれた、南北に細長い敷地であった。県公文書館に、文化十四年（一八一七）に作成された平面図が残されているので、それによりながら屋敷地内の様子を概観してみたい。

図4は、上が南で、南端の表門が堂島川に面している。ほぼ長方形だが、表門の東脇半分が欠けた形である。表門から裏門まで、およそ四八間（八七メートル弱）、間口は裏門側で二〇間（三六メートル）で、蔵屋敷としては広いほうではない。

表門を入るとすぐ左（図面上は右）に留守居役の長屋がある。中庭を挟んで御用座敷と

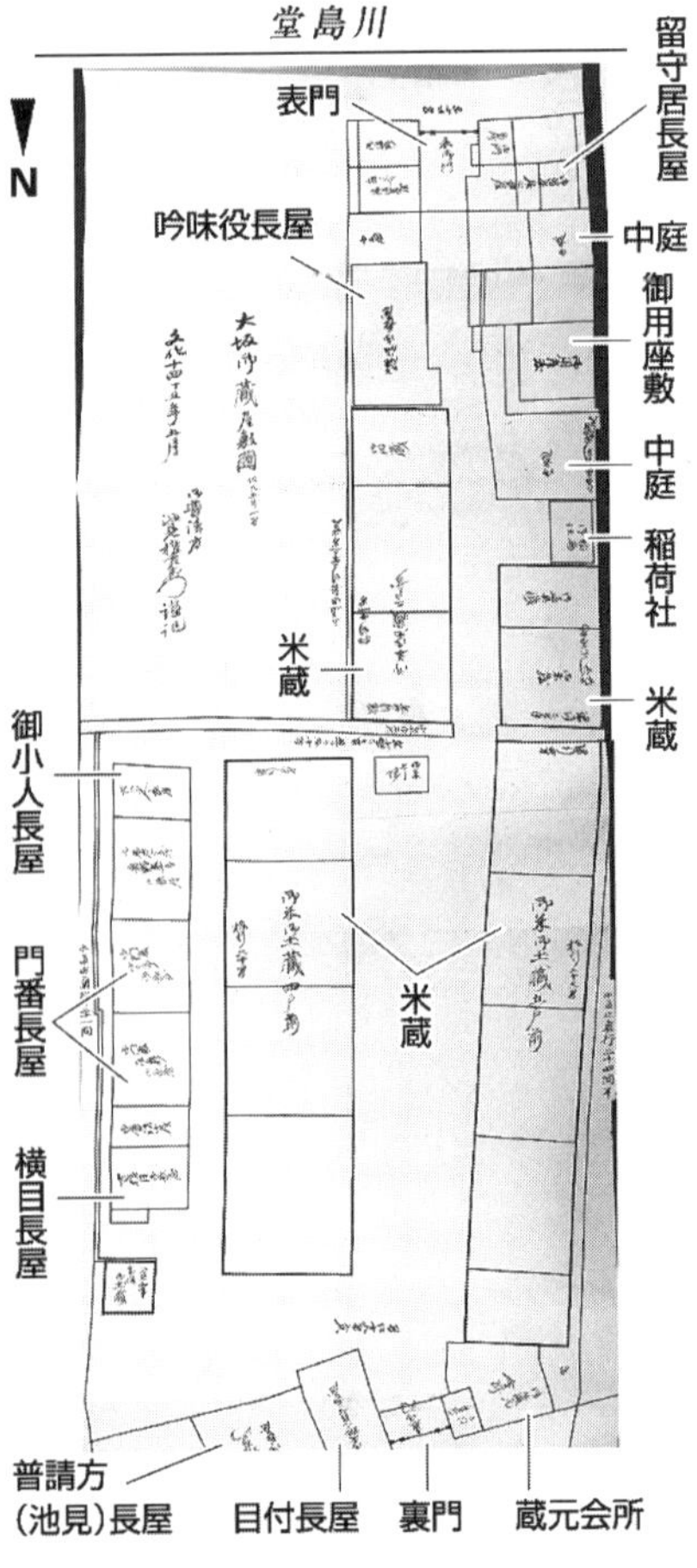

図4　「大坂御蔵屋敷図」。秋田県公文書館所蔵。

続いており、その御用座敷は、それより広い庭で囲まれている。ここで商人たちといろいろな会合を持った。中庭の脇には稲荷社が置かれている。蔵屋敷の鎮守社である。年に一度祭事が行なわれ、館入たちには酒がふるまわれた。また、近所から上がる奉納物や賽銭も少なくなかったようである。御用座敷の向かい側は、勘定吟味役の長屋である。

米蔵は四棟あるが、大きな蔵は二棟で、図の中央に並行して細長く見えている。大きさは、右側の蔵が、間口四間、奥行き二三間である。米蔵の東側には、御小人《おこびと》長屋・門番長屋・横目《よこめ》（監察役）長屋などが並んでいる。

裏門の西（図の右側）側には御蔵元会所《おくらもとかいしょ》がある。これは、蔵元や館入たちの詰所《つめしょ》だろう。ただし、多くの有力商人は複数の大名家の蔵元や館入を兼任していたから、蔵元本人が常時ここに詰めていたわけではない。各館入には大名ごとに世話役にあたる支配人や手代《てだい》がいて、通常は彼らが連絡役となって屋敷に出入りした。

裏門の東（図の左側）には三つの長屋がある。目付《めつけ》や受払役《うけはらいやく》など役人の長屋である。裏門を出ると道を挟んで「浜地」となっており、その両脇に「御米土蔵」と仲仕らが詰める小屋がある（図では略）。ここで水路を運ばれてきた物資が陸揚げされたのである。

この図には、年月日のほかに「御普請方《ごふしんかた》池見権左衛門　謹《つつしんで》記《しるす》」という記載がある。裏門から左手に三つの長屋が見えるが、その真ん中が池見の長屋であった。池見は、文化十三年まで京都屋敷の定居《ていきょ》（常駐）役人であった。つまり秋田藩士ではあるが、ほとんど京都人だったのである。この年、役替《やくがえ》で池見は大坂の蔵屋敷に「御払役加勢《おはらいやくかせい》」として転任してきたばかりだった。介川が初めて大坂に登ったのが同年であるから、この絵図はもしかすれば介川の指示で描かれたものかもしれない。

## 松茸狩り　大いに遊ぶ

文化十三年（一八一六）閏八月、介川は蔵元の鴻池又右衛門《こうのいけまたえもん》に誘われて、松茸狩りに出かけた。

鴻池とはすでに江戸で面識があったし、大坂到着後はその支配人たちとも交流があった。屋敷側からは、介川のほか、勘定吟味役・御米払役・京都定居御米払役・支配目付、そして商人だが蔵屋敷名代《なだい》の雑賀屋《さいかや》左十郎の六名が参加した。そして、途中から鴻池庄兵《しょうべ》衛《え》・塩屋理兵衛・山崎屋与七郎《よしちろう》も同船した。

鴻池庄兵衛は、秋田藩をはじめ多くの大名家の掛屋《かけや》を勤めた人物で、両替商である。大の酒好きで、それにかかわるエピソードには事欠かない。多くの館入《たちいり》の中でも終始秋田藩に対しては好意的だった一人である。掛屋とは、大名家の蔵物代銀の出納を請負った商人のことである。

二十八日の部分に、「今夜五ツ頃より屋敷前より舟ニて参候」とあるから、夜の八時ごろ、屋敷前から船に乗り、淀川を登って、寅の刻（午前四時）ごろ目的地に到着した。日記には、「早過候間《はやすぎそうろうあいだ》、船中にて臥居《ふしおり》、引明《ひきあけ》（夜明）ニ舟より上り候。深野と申所にて鴻池新田《こうのいけしんでん》とも申候」とある。到着が早すぎて、しばらく船中で横になっていたのである。介川は鴻池新田と書いているが、その地を「深野《ふこの》」としていることからみて、現在の東大阪市に位置する著明な鴻池新田ではない。

図５　松茸狩の様子「都名所図会」。秋田県公文書館所蔵。

船から出ると、支配人の幸八と半右衛門が岸辺で出迎えた。すぐそばに会所と称される建物があり、ここで朝食をふるまわれ、酒も出た。食事をすませると、いずれも股《もも》引《ひ》き姿でいよいよ出かける。途中疲れた時のためにと、駕籠《かご》まで準備されていた。大変な気のつかいようである。途中休憩しながら、二里ほど歩いて田原山という所に着いた。

松茸を採りながら登っていくと、高台に幕が張られ仮小屋が造られている。毛氈《もうせん》が敷かれ、人足たちが運んできた食器などが並べられている。日記には、「四方眺望いたし候ところ、南ハ生駒山《いこまやま》岩屋の宝山寺《ほうざんじ》、東は三笠山《みかさやま》、東北ハきつ河（木津川）などを見、なら（奈良）の方迄見渡《みわたす》、絶景なり」とある。重箱で出された肴で酒を呑みつつ、あちこちで松茸を採る。日記は「手柄夥《てがらおびただ》しき事なり」と記している。さらに、「銘々曲《まげ》弁当へ松茸めし・にしめ・香《こう》もの様《よう》のものつめ候を出す。過《すぎ》てなしかりいたし、酒をもたへ相楽《あいたのしみ》申候」とある。「なしかり」は『梨狩り』。松茸は大きな籠に二〇余りも採れた。「いろ〳〵料理いたしくだされ候。吸ものなども数々出候」とある。現代人も圧倒される贅沢さである。

七つごろ（午後四時ごろ）ようやく山を下りる。それから、湯に入り着替えをして、酒宴となった。四つ（午後十一時）ごろ船に乗る。庄兵衛や理兵衛・左十郎らも同船し、船の中でもいろいろ語り合い、楽しいこと限りない、と介川は記している。屋敷に着いたのは八つ時（午前二時）過ぎあたりであった。

## 下戸には務まらぬ役

館入《たちいり》たちとの日常のつき合いは、欠かすことのできない「務め」であった。これには、いわゆる「下戸《げこ》」には務まらないといってよいほど酒がついてまわった。とつぜん誘われることなど日常茶飯事だったが、定期的に館入との付き合いをしなければならない日も少なくなかった。

年始の挨拶はもとより、それに続く蔵開《くらびら》きや、毎月の朔望《さくぼう》の挨拶などはその典型である。朔望とは、陰暦の一日と十五日。この両日は、館入たちの蔵屋敷への来訪がほとんど定例化していて、朝から酒を出してもてなした（のち、財政難から酒はひかえている）。

上方の館入の人数は、幕末で六〇人（各家の支配人を含めた人数）を超えていたから、都合が悪く来られない者がいたとしても相当の人数になったはずである。蔵元の塩屋惣十郎（当主の孫左衛門は長病のため名代）など、囲碁が好きだったようで、一日中介川が相手をさせられることもあった。それが高じてのちには「碁会」という定例の集まりまでできている。

藩の御登《おのぼ》せ米と長崎御用銅《ながさきごようどう》の回漕を請負う御雇船《おやといせん》が決まれば、「初船見分《はつふねけんぶん》」と称して、その下見をしなければならなかった。見分といえば聞こえはいいが、船中には酒と簡単な料理が用意され、そこで酒宴となった。帰りは行きつけの茶屋に寄るのも慣行化している。

一月の戎《えびす》参詣、六月の住吉社《すみよししゃ》の祭礼もほぼ同様である。住吉社は水神《すいじん》を祀るから、銅と米の回漕を欠かせない秋田藩にとっては単なる祭り以上の意味をもったのである。

しかし、恒例行事のなかでも大きな位置をしめたのは、万度会《まんどえ》と呼ばれる会合である。これは、御雇船の安全な就航を祈願するもので、住吉社で行われた。ここでは、文化十四年（一八一七）の事例をみよう。通常、二月九日に行われる行事なのだが、この年介川は公用で京都出張であったため、四月九日に行

図６　住吉伊丹屋の図（「摂津名所図会」）。
国立国会図書館デジタルコレクションより。

われた。この会は、両蔵元の主催で行われるもので、「海上無難之祈祷《かいじょうぶなんのきとう》」を行うのだという。御前八時ごろに屋敷詰の役人全員で出かける。住吉社の近くにある伊丹屋という料亭で、鴻池の支配人らが出迎え、ここでかるく薄茶《うすちゃ》・菓子・酒などが出る。しばらくして案内があり、伊丹屋で裃《かみしも》に着替え、御社へ参詣となる。一の宮の正面に毛氈が敷かれ、ここで神楽《かぐら》を奉納する。終って、禰宜《ねぎ》が鈴を持って現れ拝礼。それより太夫《たゆう》の案内で各宮々を廻って拝礼し、これが終ると神楽殿《かぐらでん》において神酒《みき》を頂戴する。最後に渡辺雅樂《わたなべうた》という禰宜が挨拶して式は終る。その後、伊丹屋へ戻り、それぞれ労をねぎらう。社より届けられた御守札や供えものなどを受け取り、着替えをして酒宴となる。午後の五時ごろに夕飯が出され、それをすませて伊丹屋を出、暮過ぎごろ南《みなみ》の富田屋へ場所を変え、再び酒宴となる。すべてが終わったのは「亥之下刻《いのげこく》」とあるから、夜の一〇時半ごろである。これが介川の初参加で、「一体奇妙なる振合《ふりあい》」というのが、彼の感想であった。

## 借財倍増、備え底つく

介川が大坂で勤務した時期（一九世紀前半）は、江戸時代の化政期《かせいき》（文化・文政期）から天保の中期にあたる。徳川家斉《とくがわいえなり》のいわゆる「大御所政治《おおごしょせいじ》」として知られる放漫財政と、「化政文化《かせいぶんか》」と呼ばれる江戸文化の爛熟期を経て、幕藩体制の崩壊が急速に進んでゆく、そのスタート地点である。

このころ、秋田藩の大坂での借財はどれほどあったのか。秋田藩の財政全体を示す史料はないが、介川の日記に貴重な記録がある。

去午年《さるうま》御借財の取調《とりしらべ》、大坂表拾三万両余《あまり》に御座《ござ》候所《そうろうところ》、此節《このせつ》は既《すで》に三拾万両余に相至《あいいたり》、六ヶ年の間拾七万両程相増《あいまし》申候。江戸表拾弐万七千両程ニ候所、当時《とうじ》は拾三万七千両余に相見《あいみえ》、一万両相増《まし》、此《この》節惣々の御借財四十四万両余ニ相至り候。

これは文政十（一八二七）年十一月十八日の記事で、「去る午年」とは文政五年。また「当時」とは、江戸時代には「現在」を意味する。つまり文政五年に一三万両ほどであった大坂の借財が、文政十年では三〇万両に膨れあがったというのである。江戸の借財はこの間におよそ一万両程度の増加だが、大坂は一七万両ほどと、倍増である。いかに大坂の銀主への依存が大きかったかがわかる。

引用の記事は、介川や金易右衛門《こんやすえもん》ら勘定奉行が連名で家老に提出した演説書の一部である。借財がこのように増大した理由について、介川らは次のように指摘している。

天樹院《てんじゅいん》様、すなわち九代藩主義和《よしまさ》公の時には、江戸参勤の年にはおよそ三万四千両余、国許《くにもと》在住の年は二万八千両ほどであったが、現在は(つまり一〇代藩主義厚《よしひろ》の代になって)江戸参勤時には五万両余、国許在住時で四万五千両となっており、「一体御当用《ごとうよう》御入増《おいりまし》少なからざる義に御座候」と。

つまり、一般経費(主に藩主の生活費)全体が拡大しているということである。さらに文政四年ごろは一万一千両ほどあった御金蔵の御備金《おそなえ》は、「お遣ひ崩れに相成」ったために同七年には六四〇〇両ほどになり、翌八年には三五〇〇両ほど、九年には一五〇〇両まで減り、現在は二七〇〇両ほどであるという。緊急時に対する備えも底をついたということである。それでも次のような一文が続く。

大坂両御蔵元并《ならびに》加嶋屋へ御預銀《おあずけ》八百五拾貫目これ有り候へども、御調達御引当程《ひきあて》に相成居《なりおり》、且品々御意味合も御座候《ござそうろう》事ニ付、成丈《なるたけ》御引上《ひきあげ》は見合《みあわせ》候様《よう》仰せ含められの旨もこれ有り、しかしながら万々一此度《このたび》百五拾貫目の御調達出来兼《できかね》候はば、極々《ごくごく》は右御預銀の内引上候ても是非指下《ぜひさしくだし》候様申達候体《てい》に御座候。

これによると、両蔵元と加島屋の三家に対して総額八五〇貫目(約一万四千両)の「御《お》預銀《あずけぎん》」があった。これは館入たちの藩に対する信頼をつなぎとめておく担保でもある。しかし、それも必要に応じて引き揚げなければならない事態になっていたことがわかる。介川が大坂詰となったのは、藩財政が以上のような事態に至っていた時期だったのである。

## 藩はじめての「御断り」

拡大する一方の借財を整理するうえで、銀主側がもっとも恐れたのが、大名による「御《お》断《ことわ》り」である。秋田藩は文政十二年(一八二九)に、藩政としてははじめてこれを行っている。のちにもふれるが、これを上方の銀主に伝える役割を担ったのも介川東馬だった。「日記」にもその前後のことが詳しく綴られている。だが、ここでは「大坂御借財仕法留書」という史料を用いてその概略をみてみよう。この史料は九一丁からなる簿冊で(図7)、表題の横に「鴻池・塩屋・加嶋屋」と記載があるから、この三家の借財についての取り扱いをまとめたものであるらしい。これは「秋田魁新報」連載終了後に入手した新史料である。
大名の「御断り」というと、高校の教科書のイメージではすべての借金が一瞬でチャラになったような印象をうけるが、そんなことはない。ただし、個別折衝ではなく、すべての銀主を対象に一斉に行う場合が多いから、一定の計画性が必要になる。わざわざ秋田藩がこれを「御借財仕法」（傍点金森）としているのもそのためである。

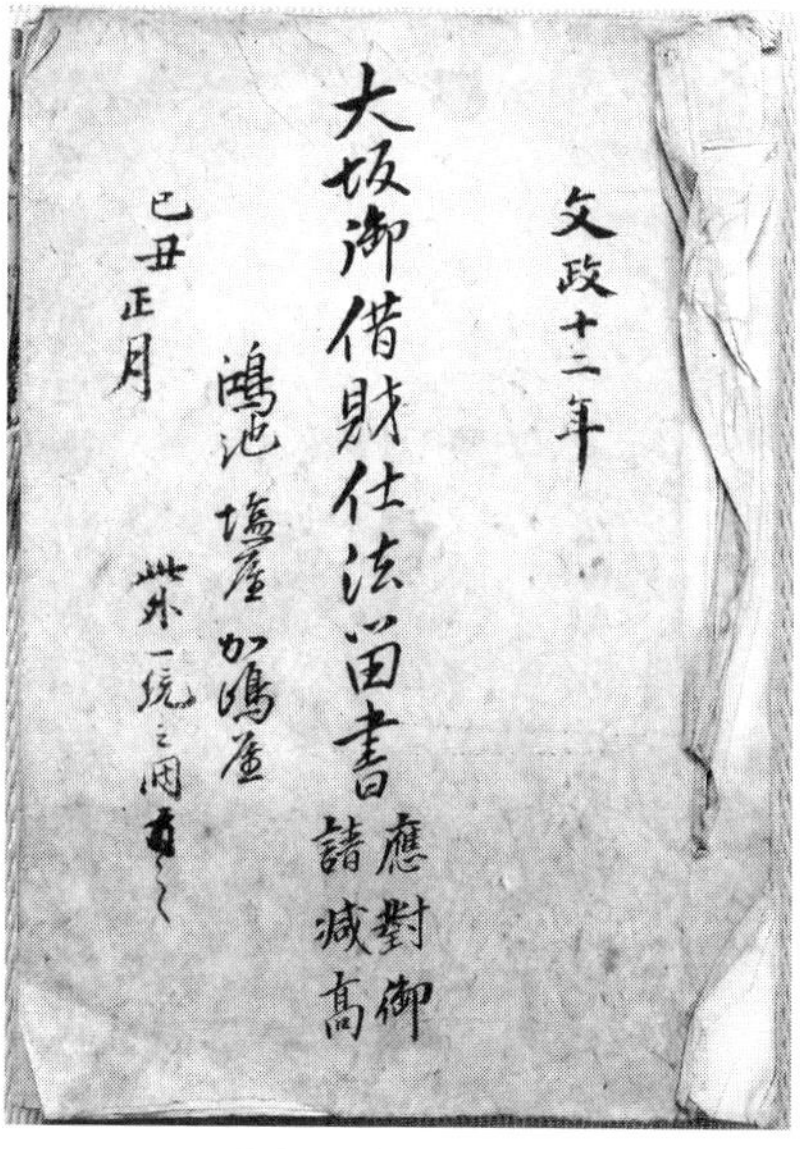

図７　「大坂御借財仕法留書」

これをみると、借財がそれぞれの目的（性格）で書き分けられており、扱いも異なっている。たとえば、「前々より置居《おきすえ》」「御慶事御用御調達」「御国産御用御調達」「臨時御調達」というぐあいである。これらは最初の規定ではいずれも利息が月八朱（利率〇・八％）であるが、「御借財仕法」では、以後五ヶ年間（天保四年まで）月四～五朱に切り下げられている。厳しい利率の引き下げではあるが、全面的な支払い停止ではない。また、「文政十一年御手伝普請御調達」「御月割出銀」の二項目については規定の変更がなく従来通りとされている。

つまり、大名にしてもそれ以降の銀主たちと付き合いを考えれば、無理無体なことを要求して彼等との縁が切れてしまってはもとも子もないのである。返済規定に変更のない二項目については、前者が幕府への公務で拒否できないものであるから、これ以降の可能性も考えて「値切り」をせず、後者は参勤で江戸にいる藩主やその家族の暮し向きにかかわることであるから継続的に出資してもらう必要があることなどが理由だろう。つまり、対象となったのは臨時に行われた調達銀である。

それでは、この「仕法」でどれだけ借財を減らすことができたのだろうか。この史料では、鴻池新十郎家が金五二五四両三歩余、塩屋が一三五両、加島屋が一万四一〇二両余となっていて、三家で二万両弱である（五年間で）。これに他の銀主たちの借財が加わるからその倍ぐらいにはなるかと思うが、莫大な節約というほどではない。のちに述べるように、天保飢饉時には館入《たちいり》一人からこの額にあたる借財を余儀なくされる。それでもこの時期、大坂にかかわる役人たちのあいだでは、前項でみたような財政の急激な変化に危機感を感じていたのである。
この年、大坂詰であった吟味役近藤瀬兵衛《こんどうせへえ》が国許にいる金易右衛門《こんやすえもん》に宛てた書簡がある。そこでは次のように述べられている。

助《（マヽ）》川様も去月廿五日御着仕《つかまつり》、此表《このおもて》も品々延ばせられがたき御用筋の由、（中略）尤も利下ケ或は御断《おことわり》の口々もこれ有候ての事、恐入候と申もの也。非常の御場合ニ存奉り候。後《うしろ》に大山《たいざん》前に大河、小舟ヲ以百万騎も渡し候様、今年の暮御仕格額《ひたい》を集溜息のみ罷有《まかりあり》候。御推量成し下されたく候。何レニも大篇《たいへん》の時至候《ときにいたりそうろう》と存奉《ぞんじたてまつ》り候(傍線金森)。

傍線の部分は、すでに説明した「御借財仕法」のことを言っている。財政のことを考えて、みな集まってはため息ばかりついているというのである。

## カピタン一行を見物

文政九年（一八二六）五月六日のことである。大坂で精錬業を営む住友《すみとも》家に、江戸参府《さんぷ》を終えて長崎へ向かうオランダ商館長の一行が、同家の製錬所を見学に立寄るというので、介川はその様子を見物に出かけた。
秋田藩も銅座と深い関係にあったから、住友家ではわざわざ別の座敷を用意してくれ、食事や酒も出た。オランダ人商館の一行が来る前にその座敷を見物させてもらうと、卓（テーブル）を置き、その上に赤い毛氈が敷かれ、食器が並べられていた。

銀の皿へほふてうのよふなるものと灰ならしのつめ三本成《なる》よふなものなと添《そえ》これ有り、惣《そうじ》てこれにてにくをきりわけさしてたべ候よし。

とある。「ほうてう（包丁）のよふなるもの」とはナイフであり、「灰ならしのつめ三本成よふなもの」はフォークのことであろう。
やがてやってきた一行については、次のように記している。

カヒタン六十計り、医者廿五六、もの書同断位《かきどうだんくらい》に見候《みえ》。冠《かんむり》（帽子のこと）ハ中へ入候時ニ取申候。いつれもぬいくるみにてひろふと（ビロード）・らしや（羅紗）のよふなもの也。せいハ皆高く鼻高し。

「カピタン」（カピタン）というのが商館長である。「二十五、六歳医者」とあるのは、文政六年にオランダ商館医師として長崎に着任したドイツ人シーボルトである。長崎に鳴滝《なるたき》塾《じゅく》を開いて医学の指導にあたり、のち帰国にさいして幕府の禁制品（その中には伊能忠敬《いのうただたか》が作成した地図もあった）を持ち出そうとした科《とが》で国外追放となった（シーボルト事件）人物である。

やがて会食が始まって、挨拶のため顔を見せた住友家の息子たちから酒など注《つ》いでもらっているところなどは「その容子《ようす》日本にかわる事なし」と書いている。

この時介川は、屋敷詰の役人のほかに、「鯤（こん）」という一〇歳前後の少女を連れていた。この娘は、両親と旅をしている子どもで、書にすぐれていたらしく、介川は機会あるごとにこの娘を呼び、商人たちの集まりなどでその腕前を披露させていた。この時も、住友家の支配人に乞われて「こん」に幾枚かの書を書かせている。「吉次郎支配人祐右衛門と申もの内々鯤《こん》ニ書せ候て蘭人《らんじん》ニ見せ候事願ニて、席書揮毫《きごう》致させ候」というわけである。

見《みる》もの堵《かきね》の如し。詩并和文和歌或《あるいは》額など
の類、扇面等取合七八枚認《したため》候。蘭人《らんじん》も驚
愕いたし候様子ニ候。追々乞《こい》候ものなとこ
れあり、よふ〳〵筆を休《やすめ》させ候。蘭人より
ハ鯤《こん》を見候もの多く相成候。

と、その時の様子を書いている。見物する者が垣根をなすように集まり、そこでいくつかの作品を書いて披露したところ、所望する者が多いので、ようやく休ませたとある。オランダ人よりこの少女の筆を見ることが主になったとまで書いている。本当かどうかはわからない。シーボルトの「江戸参府紀行」（平凡社東洋文庫）には、この住友家に立ち寄ったことが出てくる。しかし、住友家の見事な洋風食器にはふれてい

図８　「シイボルト観劇図并シイボルト自筆人参図」。国立国会図書館デジタルコレクションより。

るが、残念ながらこの少女についての記述はない。

なお、図8は、「シイボルト観劇図并シイボルト自筆人参図」で、参府の帰途、大坂で芝居見物をするオランダ商館の一行を描いたものである。介川が一行を「見物」してからほとんど間をおかない時のものである。左がシーボルト。介川はその服装を「ひろふと・らしや」のようなものと記しているが、それはここに描かれたものと同じであったかもしれない。

## うどん、春慶を土産に

介川は五度大坂詰を経験しているが、登坂のたびに、館入《たちいり》全員に土産《みやげ》を持参している。文化十三年(一八一六)の最初の登坂では、両蔵元には、国産の綾畝織《あやうねおり》二反・稲庭干饂飩《いなにわほしうどん》五〇把・「けしあられ」三袋をそれぞれ持参している。そのほかの館入たちにも、数量は違うが、ほぼ同様の品を持参している。

だが、文政八年(一八二五)の二度目の登坂ではだいぶ内容が異なっている。蔵元の鴻池又右衛門と塩屋孫左衛門には、畝織のほか、能代春慶硯蓋《しゅんけいすずりぶた》二枚組と雁皮紙《がんぴし》が贈られている。春慶硯蓋は桐箱入で、萌黄色《もえぎいろ》の真田紐《さなだひも》で結ばれているとあるから立派な仕様であったことがわかる。また、雁皮紙は、古来紙の王といわれるほどの高級品で、その強い紙質、高尚な肌合い、ほどよい光沢が喜ばれた（『日本国語大辞典』）。これも箱入で、「桐箱絵巻紙拾本入」とある。能代春慶と雁皮紙は、加島屋作兵衛にも贈られている。

ほかの館入に対しても能代春慶の贈答が多く、ただ相手によってその品に違いがある。能代春慶葵盆・硯箱・大平《おおひら》（円形の底の浅い食器）、短冊箱、盃台《はいだい》、手拭掛《てぬぐいか》け、筏盆《いかだぼん》など、さまざまである。このほか、支配人たちには稲庭饂飩が添えられている。

このように、二度目の土産が初回のそれと比較して大きくグレードアップしていることは間違いなく、それだけ介川のなかで、上方館入の重要度についての認識が改められていたと言えるかもしれない。

ところが、天保三年（一八三二）の登坂では、春慶塗の土産品は一品もなく、饂飩と袴地に限られる。これは、蔵元も同様で、天保期の財政窮迫が影響しているのかもしれない。注目されるのは、鴻池と塩屋の両蔵元に対しては、袴地と稲庭饂飩であるのに比して、加島屋作兵衛へは雁皮紙の書簡箋が贈られていることである。また、加島屋定八に対しては「翠雲筆《すいうん》」の日本画一幅が贈られている。雁皮紙は、先に述べた通り高級品であり、加島屋作兵衛のほかに例はなく、翠雲の日本画も、加島屋定八のほかは、室谷《むろたに》（播磨屋）仁兵衛に対して贈られているだけである。

つまり、介川の意識のなかでは、加島屋作兵衛への評価が、この段階では両蔵元を上回っており、加島屋定八と室谷についても、相手の嗜好ということもあるだろうが、特別の気遣いを示しているということである。加島屋定八は、主家の加島屋作兵衛とともに、この時期藩の養蚕事業に深く関わっていた人物である。また、室谷は、介川と個人的に親しいこともあったが、堂島商人としての重要度も高かった。

なお、江戸経由で登坂した時には、鴻池庄兵衛だけに「錦絵《にしきえ》」を土産品として持参している。これは鴻池庄兵衛という人物の嗜好を反映したものだろう。

## 御用銅をめぐる交渉も

大坂留守居役の重要な務めの一つに、銅座（銅の買入れや製錬、流通の統制を行う幕府の機関）との交渉があった。阿仁《あに》銅山を擁する秋田藩は、幕府に対して長崎貿易の重要な輸出品であった銅の上納を義務づけられていた。これを長崎御用銅《ながさきごようどう》という。

元禄十一年（一六九八）に幕府が長崎からの輸出銅高を定めて以来、その請負高は幾度か変動したが、表1によると、江戸中期より秋田の御用銅が突出して多いことがわかる（今井典子『近世日本の銅と大坂商人』）。寛政六年（一七九四）以降、秋田藩は年間六〇万斤《きん》を大坂の銅座に納めることになっていた（一斤＝〇・六kg。なお、それ以前の納入高については今井氏の著作に詳しい）。大坂留守居役は、国許《くにもと》から無事に銅が到着するとそれを銅座に報告しなければならなかった。

もちろん幕府に納められる御用銅には対価が支払われ、これが藩の大きな収入になる。寛保三年（一七四三）の幕府の

表1　産地別御用銅の斤数と代銀（享保4年）

| 産銅名 | 国　名 | 銅斤数（万斤） | 代　銀 |
|---|---|---|---|
| 別子 | 伊予 | 850,000 | 777貫972匁 |
| 立川 | 伊予 | 500,000 | 500貫400目 |
| 但播州所々 | 但馬播磨 | 300,000 | 213貫189匁 |
| 多田 | 摂津 | 79,575 | 62貫335匁 |
| 飛州 | 飛騨 | 1,500 | 1貫483匁 |
| 石州 | 石見 | 3,100 | 1貫953匁 |
| 青野 | 伊豆 | 30,000 | 15貫300目 |
| 熊野 | 紀伊 | 20,000 | 19貫736匁 |
| 仙台熊沢 | 陸奥 | 30,000 | 19貫821匁 |
| **秋田** | **出羽** | **1,412,900** | **1,574貫588匁** |
| 尾去沢 | 陸奥 | 400,000 | 479貫236匁 |
| 永松 | 出羽 | 284,589 | 249貫498匁 |
| 大野 | 越前 | 40,000 | 48貫270目 |
| 猿渡 | 日向 | 21,600 | 21貫075匁 |

今井典子『近世日本の銅と大坂銅商人』147頁表より作成。
万斤未満は切り捨て。

規定では秋田銅の価格は一〇〇斤＝銀一五六匁余であったから（『秋田県史』）、長崎御用銅全体の収入は一万五〇〇〇両強となる。このほか、幕府からは鉱山経営に必要な御手当《おてあて》銀《ぎん》（支援給付金）が支給されたり、坑道の普請を理由として前貸銀《まえがしぎん》を借り出すことができた。

しかし、介川が大坂留守居役を務めたころには、幕府からの支払いが滞っていたようである。その支払いを求めて、介川は、文化十三年（一八一六）最初に登坂した当初からしばしば銅座と交渉している。長崎奉行が江戸参府《さんぷ》の途中に大坂に立ち寄れば、その機会を逃さず参上して、滞納分の支払いを願い出ている。

長崎奉行への進物《しんもつ》は、鰹節《かつおぶし》五〇本と酒一斗と決まっていたが、文化十三年十月十九日、長崎奉行松山伊予守が大坂に着いたさいには、酒樽（一斗樽）と鴨を携《たずさ》えて挨拶に赴き、さらに自費で国産の畝織《うねおり》と白鳥の毛織物を贈っている。

しかし、幕府の支払い遅延はその後も変わらなかったらしく、天保九年（一八三八）の記事には、

銅代御滞《おんとどこおり》およそ七百九拾貫目程これ有り、日々ほと御才足《さいそく》申候ところ（中略）今日

よふ〳〵右の内三百貫目相渡され候。

とある（十二月二十四日）。

また、御用銅以外の銅は、「地売銅《じうりどう》」として、これも大坂に回漕された。本来地売銅は市場価格で取引されるべきものであったが、実際にはこれも幕府の設定した値段で銅座に買上げられた。地売銅は一〇〇斤＝銀二七〇目余と高めに価格が設定されていたが、それも幕府の都合によって減額されることもあった。

文政元年（一八一八）三月、銅座から、以後地売銅の買上げ価格を五〇目下げるという通達があった。理由は、大坂に廻されてくる銅の量が増えて、商人たちから値下げの要求が出されたことによる。介川は九月二十六日、銅座を訪れ、今年の御用銅はすべて収めたので、八月以降に大坂に着いたものはすべて地売銅として取り扱ってほしいことと、「長年の間に坑道が奥深くなり、普請（工事）に金がかかり、引き合わない」と主張して、地売銅の価格の増額を願い出ている。その後も藩は訴願を続け、文政十年からは、五年間という条件つきで、銅一〇〇斤につき銀二〇目ずつ増額され、その措置はその後も継続している。

なお、先にも紹介した文政十一年金易右衛門に宛てた近藤瀬兵衛の書簡には次のようにある。

諸山大盛《おおさかり》の趣御示し成し下され、取分ケ先日は恐悦《きょうえつ》此上なく有《あり》がたく存奉《ぞんじたてまつ》り候。どふぞ諸山の力ヲ以《もって》一ト御安堵《あんど》に相成候様《よう》、此上《このうえ》は山々当テト咄暮し罷有《まかりあり》候。

領内の鉱山の繁栄だけが財政のよりどころだという、当時の勘定方の認識が垣間見えて面白い。

## 年始廻りに画人の名

大坂で正月を迎えた場合は、「廻礼《かいれい》」と称して必要なところへ挨拶廻りをしなければならなかった。たとえば、初めて大坂で正月を迎えた文政元年（一八一八）には、七日、「明半頃」（午前七時）に屋敷を出て、「黄昏帰宅」とあるから、丸一日がかりであった。

その詳細については、文政十年の記事が詳しいので、それを参考にしよう。この年は、六日と七日、二日におよんでいる。

まず六日。広島屋八兵衛が最初で、久々知屋《くくちや》吉兵衛・吉文字屋《きちもんじや》清左衛門・播磨屋権之助《ごんのすけ》・室谷《むろたに》仁兵衛・雑賀屋《さいかや》七之助と、まず商人の名前があがる。日記には「廻り候順の通り記す」とあるから、近いところから訪問したのだろう。

その後何人か商人宅を廻って、津軽家留守居・町奉行与力（四人）と訪問し、続いて、東町奉行・西町奉行と続く。両町奉行宅では、正式に藩主からの口上を述べ、太刀一腰・御馬代白銀五枚をそれぞれに贈っている。口上の文言は、毎年同じである。そのあと、介川自身の祝いの言葉を述べ、自身からの献上品として五本入扇子箱を贈っている。

七日は二七人を訪問している。ほとんどが館入である。「明半時」に屋敷を出て前日同様暮れ以前に帰宅している。面白いのは、この年の記述では、訪問先の対応によって、藩との親疎の様子がわかることである。たとえば、加島屋作兵衛宅では、「通ル。雑煮もち出、吸もの出、土器《かわらけ》（素焼の酒器）ニて盃事《さかずきごと》、拙者始候。又吸もの、肴も追々出ル。（中略）薄茶作兵衛立候てくれ候。もちくわしも出」というようなもてなしを受けている。

「通ル」とあるのは、邸内に通されたという意味である。これがなく、単に名前だけの場合は、玄関先の挨拶ですませているのである。右にある加島屋作兵衛宅では、主人作兵衛が裃で玄関まで送迎し、自身で茶をたててふるまっている。

こうした廻礼では従者が付く。「かご脇四人」とあるから、介川自身は駕籠を使用している。門番一人・小姓二人、そのほか、前を歩く徒歩三人、挟箱《はさみばこ》・合羽箱《かっぱばこ》を持つ者がそれぞれ一～二人ずつ。他に草履取《ぞうりとり》と、結構な人数である。道具には佐竹の紋がついているわけで、こうした共揃《ともぞろ》えの人数も家の体面を示すわけである。

文政九年の正月の廻礼では、めずらしい人物の名がみえる。長山孔寅《ながやまこういん》。出羽仙北郡西木村出身といわれ、角館《かくのだて》の商家で奉公し、のち久保田《くぼた》の那波《なば》家での奉公を経て、京都の松村月渓《まつむらげっけい》に師事して画人として名をなした。

この人の作品に、「米市の図」と呼ばれる作品があり、しばしば堂島米市場の様子を示すものとして紹介される（図9および口絵）。「水方」（みずかた）と呼ばれる役

図9　長山孔寅筆「米市の図」。大阪府立中之島図書館所蔵。

人の拍子木を合図に取引が開始。相場が上下するたびに拍子木が打たれたという（高槻泰郎「大坂堂島米市場」）。その生き生きとした堂島でのやりとりが活写されている。

この長山孔寅についての記載を筆者は見逃していて、またこの有名な作品が彼の作品であることも知らなかった。秋田歴史研究会の湯川京さんからご教示いただいた。自身の不勉強を恥じるばかりである。

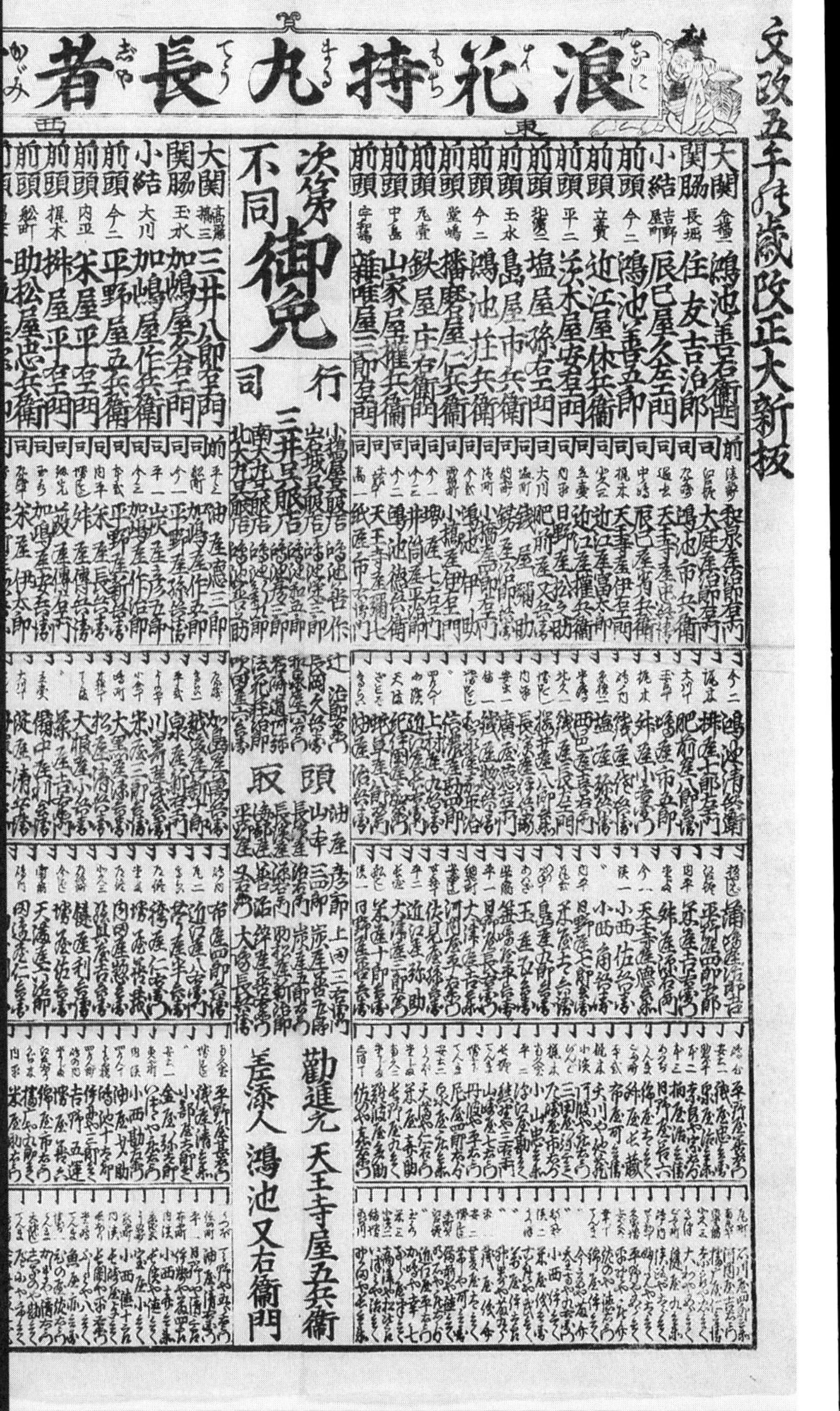

文政五年月歳改正大新板

浪花持丸長者鑑

東

大関 鴻池善右衛門
関脇 住友吉治郎
小結 辰巳屋久左衛門
前頭 鴻池善五郎
前頭 近江屋休兵衛
前頭 茨木屋安右衛門
前頭 塩屋孫右衛門
前頭 島屋市兵衛
前頭 鴻池庄兵衛
前頭 播磨屋仁兵衛
前頭 鉄屋庄右衛門
前頭 山家屋権兵衛
前頭 雑喉屋三郎右衛門

次第不同 御免

行司

頭取

勧進元 天王寺屋五兵衛

差添人 鴻池又右衛門

西

大関 三井八郎右衛門
関脇 加嶋屋久右衛門
小結 加嶋屋作兵衛
前頭 平野屋五兵衛
前頭 米屋平右衛門
前頭 升屋平右衛門
前頭 松屋忠兵衛

図10 「浪花持丸長者鑑」(文政五年)部分。大阪市立図書館デジタルアーカイブより。

## 金と情報を握る商人

館入《たちいり》と呼ばれた商人たちは、出入する大名家と擬制《ぎせい》的な（形のうえでの）主従関係を結んでいた。つまり、禄米《ろくまい》や扶持米《ふちまい》を大名から与えられていたのである。

秋田藩の場合、文久三年（一八六三）の段階で、支配人などを加えると、館入と呼ばれる商人は六七名を数える。そのなかで、有力な商人六名を表2に示した。いずれも、義和《よしまさ》の時代以降に藩との関係が成立している。彼らは、それ以前の館入（介川はこれを「旧家」と呼んでいる）と区別されて「新家」と呼ばれた。ここに示した六人はいずれも大坂きっての豪商で、前頁にあげた文政五年の長者番付の上段にその名が見える（蔵元だった鴻池又右衛門は「差添人」として中央の下段に名前がある）。

表中、塩屋（梶川姓）と鴻池（山中姓）新十郎が、介川が登坂したころの蔵元である。二人の蔵元より加島屋《かじまや》（長田《おさだ》姓）と辰巳屋（和田姓）の禄米が多いのは、この二人の藩に対する貢献度が、蔵元よりも高く評価されていたからである。禄米を支給されているのはこの六名で、いずれも大坂商人である（館入はこのほか、京都・堺・近江にもいた）。

これらの商人の多くは両替商であるが、播磨屋仁三郎は、姓を室谷《むろたに》といい、堂島の米商人であった。先代の当主仁兵衛は、介川とも親交が厚く、日記にも頻出する。この播磨屋だけが当時から藩に対して「姓」を用いることを願い出て許可されている。堂島の米商人たちは、「浜方《はまかた》」と呼ばれ、同じ館入であっても、両替商たちとは別のグループを構成していた。浜方の商人たちは日々米の取引を行っているから、全国的な作柄の様子や、米の動きに詳しく、そこから蔵屋敷側が情報を得ることが少なくなかった。

鴻池家と塩屋家が蔵元に就任したのは文化九年（一八一二）のことである。介川の日記にはその時のことが詳しく記されている。当時、介川は江戸詰であり、大坂には勘定奉行の金易右衛門《こんやすえもん》がいた。その金から、大坂商人鴻池又右衛門（新十郎の父）が秋田藩の蔵元を引き受けてもよいとの意

表2　主な館入（文久3年段階）

| | | |
|---|---|---|
| 塩屋（梶川）伊三郎 | 大坂 | 高300石。御蔵米100俵。<br>享和2年より出勤 |
| 加島屋（長田）作兵衛 | 大坂 | 高500石。文政7年より出勤。 |
| 辰巳屋（和田）久左衛門 | 大坂 | 高500石。文政10年より出勤。 |
| 鴻池（山中）新十郎 | 大坂 | 高300石。寛政10年より出勤。 |
| 千草屋（平瀬）市郎兵衛 | 大坂 | 高100石。御蔵米50俵。<br>天保元年より出勤。 |
| 鴻池庄兵衛 | 大坂 | 高200石。御蔵米50俵。<br>御掛屋御合力銀30枚。<br>享和元年より出勤。 |
| 播磨屋（室谷）仁三郎 | 大坂 | 浜方。高100石。 |

「惣御館入順筆并被下物調」（佐竹文庫）および「大坂紀事」による。いずれも秋田県公文書館。

向であるという報せが届いたのである。

このことの是非については、若干の議論があったようである。つまり、勘定方は上方商人に藩の台所事情を把握されてしまうことを懸念し、家老たちは財政上のプラス面を評価した。このことから考えると、このころ秋田藩は特定の蔵元を擁していなかったようである。結局、結論を出したのは藩主義和自身だった（金森正也「蔵元就任の儀礼」）。こうして、大きな経済支援を得る大黒柱として、藩は鴻池と塩屋を蔵元に任命することになる。

なお、介川日記で蔵元の一人を「塩谷孫左衛門」と記すが、図10の上段に出てくる「塩谷孫右衛門」の誤記ではないかと思われる。ただし確証がないので介川の記載のとおり孫左衛門としておく。

## 宴会、観劇、また宴会

大坂館入たちとの交流の様子をいくつか覗いてみよう。

文政十年（一八二七）一月九日は戎《えびす》参詣である。この日の参詣は、両蔵元と加島屋の三家の主催で、御前一〇時ごろより道頓堀の富田屋に集まった。三家は支配人を含め全員がそろい、鴻池庄兵衛など、三家のほかにも多数参加した。ここでかるく盃をかたむけ昼食をとったあと、戎神社に向かう。相撲取り二人を雇い先に歩かせたので「その跡より参候《まいり》故《ゆえ》人に押され申さずよろしく候」とあるのが面白い。参詣を終えて富田屋へ戻り、酒宴となる。芸子や役者などをよんで賑やかである。くじ引きのお楽しみ会も行われ、介川は四〇番の札だった。一番札を引いたのは蔵元の塩屋惣十郎（孫左衛門の名代）だったが、気をつかって介川とくじ札を交換してくれた。商品は「松」とある。盆栽だったのだろうか。

同月二十六日、辰巳《たつみ》屋久左衛門が藩の館入となって初めて屋敷に顔を出してくれたので、その祝いとして、富田屋へ招いて料理をふるまっている。辰巳屋は幕府からの御用金が課されるほどの豪商で、介川は以前から館入に加わってくれることを希望しており、ようやく念願がかなったのである。

二月十一日は初午《はつうま》。屋敷の鎮守である稲荷社の神事として、屋敷内で主だった館入たちに酒肴をふるまう。その後、行きつけの茶屋の一つであるわた屋へ場を移して酒宴となっている。翌日は、「浜方《はまかた》」の館入たちを招いて住吉屋で酒肴をふるまう。十三日は、室谷《むろたに》仁兵衛の別荘に招かれ、帰りに住吉屋に誘われている。

二月十七日はすでに述べた万度会《まんどえ》、同二十七日は、館入のひとり近江屋休兵衛《おうみやきゅうべえ》の家督相続の祝儀として、住吉屋で料理をふるまう。近江屋の名も図10の上段に見える。この時、「此節向かた三人とも上下《かみしも》、此方ハ皆かたきぬ也、膳後着ながしニ成《なる》」とあるから、前半はフォーマルなかたちで盃事《さかずきごと》を行い、そのあと通常の酒宴となったことがわかる。その後介川は京都に赴いてしばらく大坂を留守にするが、四月六日になって、家督祝儀の礼として、今度は近江屋が介川らを島之内の富田屋に招いている。

近江屋との酒席については、前年の四月二十三日にも面白い記事がある。富田屋別荘に招かれたのであるが、この時は近江屋の妻や娘まで同席している。これは珍しいことであったようで、介川は「御館入の家内同様に茶屋等へ参候事はこれ迄一円これなく」と記している。翌日介川は、鴻池や塩屋の支配人らとともに芝居見物に出かける予定が入っていた。「帰候てまた参候てハ道ばかりあるき候わけ故、直々富田屋へ参、暫時の内休息」し、「富田屋ニて朝飯たべ」鴻池幸八らと芝居見物に出かけている。屋敷に帰らず、茶屋で仮眠し、朝食をとって芝居に出かけたのである。上司のいる江戸では決してできないことであったろう。

## この「丁寧」な接待ぶり

酒飲みの話題が続いて恐縮であるが、文政十年（一八二七）五月十五日、国許から登坂した成田忠五郎（勘定奉行）の歓迎会が行われた。主催は、鴻池・塩屋の両蔵元と加島屋作兵衛である。屋敷からは一二人、先方は支配人を含めて一一人の参加で、掛屋《かけや》を勤める鴻池庄兵衛とその支配人も参加している。場所は、島之内の富田屋であった。

介川ら一行は着流しで茶屋に出かけているが、そこで肩衣《かたぎぬ》に着替え、席に着いた。三家の当主と支配人が出、まず挨拶をする。それがすむと、仲居たちによって鯉の吸物が出され、鴻池の支配人清八が酒を注いで回る。続いて小皿が出され、仲居がまた酒を注いで回る。続いて二種の干肴《ほしざかな》が出され、鴻池新十郎が、介川の盃を受けるために彼の前に進み出る。塩屋惣十郎も同様成田忠五郎の前に出る。その後加島屋作兵衛が介川の盃を受け、新十郎は成田の盃を受ける。あとは全員そのやりとりが続く。二度目の吸物が出され、仲居が酒を注いで回る。

それが終ると、鴻池新十郎から、「これから御膳をお出しします」という旨の挨拶がありいったん座を退いて、膳を持って現れる。本膳は、介川へは塩屋惣十郎が、成田へは加島屋作兵衛が膳を運ぶ。そのほかの者たちにはそれぞれ支配人が配膳した。二の膳は、介川へは鴻池幸八（支配人）が、成田へは塩屋平蔵（同）が配膳し、他の者へは仲居たちがうけもつ。

焼き物と三の膳は、富田屋の女将とその娘、仲居たちが運んだ。焼き物は鯛であった。鴻池新十郎が銚子をもって注いで回る間、ひたし物と吸物が出される。支配人たちも注いで回り、やがて水引《みずひき》の付いた菓子と薄茶《うすちゃ》が出され、いったんおひらきとなった。

その後休息の間で着替え、着流しとなり二階に案内された。部屋に入ると、大小三〇ばかりの瓶に花が活けられている。中央には毛氈が敷かれてその上に朱塗りの卓が三つ並び、そこに「キヤマンの器へあわもり・美淋酒《みりんしゅ》等いろ〳〵、肴・くわし・こふり砂糖など」が置かれている。暗くなってきたころ燭台に灯をともす。続いて、「庭ニて数十百の蛍を放し飛かふさまいとすゝしく清興《せいきょう》を催《もよおし》候」とある。準備していたおびただしい数の蛍を庭先に放したのである。そのあと、ふたたび下の座敷に戻り、芸子六人、役者四人を招き、また酒宴である。「諸事丁寧成事《ていねいなること》に候」というのが介川の感想である。

この何の変哲もない感想に、介川の思いが溢れている。秋田では考えられない豪遊ではなかったか。おそらく介川にはこれ以上の言葉は思いつかなかったのであろう。

## 藩財政をささえる大坂商人

以上のように、館入と大坂詰留守居役との間には、絶え間ない公私の付き合いがあった。しかし、なぜこれほどまでに商人たちに気をつかわなければならないのか。俗な言い方をすれば、藩にとって館入たちは「金づる」なのである。

もちろん、館入たちとてボランティアではない。そこに利を見込むからこそ金を貸す。だが、大名貸はリスクも高い。彼らは、大名に対して常に警戒心を持っている。だからこそ、藩としても彼らにそっぽを向かれては困るのである。次の史料を見てみよう。

江戸八月割の内、此表仕出《このおもてしだし》ニ向《むけ》鴻池・塩屋・かしまやへ調達相頼《あいたのみ》候義、一昨年八千弐百貫目頼候へども、江戸より減の義申越九百貫目ニ相減、昨年も九百貫目頼《たのみ》候所《ところ》、今年ハ御米下落且閏《かつうるうづき》月等これ有ニ付、増《まし》候て頼候外《ほか》これ有《ある》まじく候。

これは、天保三年（一八三二）十月十四日の記事である。「これまで江戸御月割のうち鴻池・塩屋・加島屋の三家に依頼してきた分は、一昨年までは一二〇〇貫目であったが、江戸から減らしてもよいということで九〇〇貫目を仕送りし、昨年もその額だった。しかし今年は米値段が下落し、閏月もあるので増額を頼まないといけない」というのが大意である（陰暦では年によって閏月があり、一三か月の場合があった）。

ここから、江戸での経費のかなりの部分を、鴻池・塩屋・加島屋の三家に依頼していたことがわかる。そして、この、三家による江戸経費への援助は、文政四年から始まったことが、介川の日記の同年十一月二十一日の記事からわかる。一二〇〇貫目を公定相場で換算すれば二万両となる。

文政九年（一八二六）の予算書のまとめを表3に示したのでご覧いただきたい。これによると、三家援助分を二万両とみて、江戸経費の負担金のうち、およそ四割を三家が負担していることになる。大坂分の負担はおよそ六割である。いかに大坂の役割が大きかったかがわかる。

なおこの予算書には、江戸持分について前年度と比較した増減の記載がない。もし他の数値の記載に誤りがないとすると、江戸での持ち出し分は七五〇両の減となる。それにもかかわらず全体として増えているので、要は秋田と大坂、とりわけ大坂への依存度が強まっているということになる。

「江戸御月割」とは、江戸における全経費のことだが、参勤交代の経費は含まれるものの、慶弔費や幕府から要求される御手伝普請《おてつだいぶしん》などの予算は含まれておらず、それらはすべて臨時の経費となる。そして、そのような経費のほとんどは、領内の商人や地主への御用金もさることながら、上方の館入《たちいり》に頼みこみ調達銀として供出してもらうことでまかなうのが通例、というか常態となっていたのである。

文政九年の借入金には「御慶事御用調達分」という項目があるが、これは、一〇代藩主佐竹義厚の将軍初御目見《おめみえ》・初入部《はつにゅうぶ》（入部とは、領主の国入《くにいり》）・任官、および先代藩主義和の娘節姫の会津輿入《こしいれ》の費用として調達されたものであった。そうしたことが可能な状態を維持するためには、藩への信頼を確保しなければならなかったし、館入たちとの良好な関係を維持しなければならなかったのである。

表3　文政9年　江戸御月割負担

| 負担元 | 負担額 | 負担割合 | 対前年度比 |
|---|---|---|---|
| 秋田仕出分 | 17,395両 | 34.9% | △1,857両 |
| 江戸持分 | 250両 | 0.5% | − |
| 大坂仕出分 | 32,154両 | 64.6% | △5,908両 |
| 総額 | 49,799両 | 100.0% | △7,015両 |

「介川東馬日記」（文政9年8月2日）より。△は増

## 酒席も大切な仕事のうち

酒ばかり呑んでいるようだが、酒席には重要な意味があった。

その一つは、このあと本書で委しく述べていくように、大きな調達銀などの根回しである。相手は支配人や手代たちで、ジャブの応酬から始まるようなものである。おたがい、本音を内にしまいながら、相手の出方を探ったり、あるいはいきなり手の内をさらして、どこまでが可能かをうかがったりする。そのさいの潤滑油が酒であった。

酒席の意義としてもう一つ重要なのは、新たな銀主（館入）を獲得するチャンスの場でもあったということがある。今でもそういった面はあるが、酒席はあらたな知己を得る場としても有効だった。以下、そのような場面を見ていこう。

文政九年（一八二六）十二月十九日の記事に、

鴻池伊兵衛《こうのいけいへえ》と申もの善右衛門《ぜんえもん》の別家ニて相応分限《ぶげん》のものニ候所《ところ》、森川東兵衛詰中《つめちゅう》より別名前を以銀五拾貫目さし出居《おり》候。今晩わたやニて出会催《もよおし》候。

とある。鴻池善右衛門の分家である鴻池伊兵衛という者が、以前他の名義で銀を都合してくれたことがあり、この日わたやという茶屋で面談することになったという内容である。鴻池善右衛門はいうまでもなく大坂随一の豪商で、図10に示した長者番付では東のトップである。介川は同家への接近をはかったのである。このことについては、同十年二月一日の記事に、「この間鴻池善右衛門御館入ニいたし度《たく》、段々支配人百助と申ものへ手よりを以申込候わけこれ有候」とあることからも確認できる。ただし、これは実現していない。御三家の御用も務める鴻池善右衛門家にしてみれば、秋田藩など格下ということかもしれない。

次は文政十年一月四日の記事である。

かじまや五兵衛と申もの上段の豪家ニ候。鹿嶋屋八兵衛懇意ニ付兼て申含置候趣これ有所、此間より内々彼より八兵衛迄申聞候趣《もうしきけそうろうおもむき》これ有、今晩わたやへ同人参居候て面会いたし候。十五日晩又々会合の事約束いたし候。

加島屋五兵衛も、図10の上段（西前頭）に見える。これと面談し、さらに十五日にあらためて一席設ける約束をしたというのである。この時介川は鶴の肉を土産に持参して、吸《すい》物《もの》にしてふるまっている。鶴の肉は高級品である。「五兵衛大ニ喜ひ幾久《いくひさしく》御懇命成下《なしくだ》され度《たく》申事ニ候」と介川は記している。

続いて同年四月四日の記事。

かじまや三郎兵衛招、同人本家実兄かじまや十郎兵衛別荘へ八ツ頃より参候。（中略）今日ハ兼て約束申置かじまや十郎兵衛も罷出《まかりで》寛々《ゆるゆる》面会いたし候。同人義一段手厚の分限のよしゆへ、段々心配《こころくばり》いたし候。よふ〳〵此度初て逢候事ニ候。夜五ツ頃より別席すみよしやへ参候。

加島屋三郎兵衛の紹介でその実兄十郎兵衛と面会したという記事である。傍線部分にあるように、十郎兵衛も分限のある者で（ここでは財力）、いろいろ手をつくして（「心配いたし」）ようやく初めて面会することができた、とある。

同年九月十五日は、朔望《さくぼう》であり蔵屋敷の鎮守稲荷の神事であった。昼から多くの館入たちが集まったが、そのあと住吉屋に席を移して呑んだ。そのさい、別席に千草屋九十郎《ちぐさやくじゅうろう》が来ているということを聞きつけ、介川はさっそくその場で面会を申し込んでいる。

千草や九十郎折柄《おりがら》別座敷へ参居候ニ付山下八太郎を以一寸《もってちょっと》逢申度《あいもうしたく》申遣候所、則罷出《そくまかりで》盃事《さかずきごと》いたし暫居《しばらくおり》候。（中略）九十郎今日面会ハ初てニ候。近日出会の事相約候。

面会を申し込んだらすぐ顔を出してくれて、近日中にまた一席設ける約束をしたというのである。千草屋の本家も豪商で、先の番付の上段に名が見える。このあと、十九日に一度面会しているが、介川は国許に帰ってしまうのであとの展開は不明である。しかし、文政十二年、介川が三度目に登坂した二月二十六日の記事に、次のようにある。

千草屋九十郎招ニ付七ツ半頃すみよしやへ参候。着流し也。忠五郎并吟味役武兵衛・甚五兵衛・瀬兵衛も参候。武兵衛勤遠慮ニ候へとも、九十郎より招かれ候ハ始の義、懇意ニ相成申さず候ては相成ざるわけニ付参候様申渡候。

これは面白い記事である。初めて千草屋のほうから招待があった。成田忠五郎（勘定奉行）ほか吟味役たちも同行した。そのうち小野崎武兵衛（勘定吟味役）は何らかの理由で遠慮中であったが、千草屋からの初めての招待で、これからも懇意にしなければならないのだからという理由で同行を申し付けたというのである。こうなると、武士が上なのか商人が上なのかわからない。しかし、介川が酒席という場を用いて銀主獲得に動いていたことがわかるだろう。

## 加島屋作兵衛の人物像

介川がつきあった館入のなかから、印象に残る人物をいく人か取り上げて紹介してみたい。

介川、というより秋田藩が最も頼りにしたのは加島屋作兵衛《かじまやさくべえ》である。介川の日記のなかでも、作兵衛とその支配人たちは、鴻池新十郎家とならんで登場する回数は最も多い。

加島屋は姓を長田《おさだ》といい、その長田家の史料が、東京都立川《たちかわ》市にある国文学研究資料館に残されている。同館で作成された目録の解説によると、加島屋が何らかのかたちで給米を得ていた一六家の中で、最も多額なのは熊本藩で全体の四二・五％。これに次いで秋田藩が二一・七％で、他はいずれも一〇％におよばない。秋田藩が同家と強い関係をもっていたことがわかる。

その加島屋の当主であった作兵衛は、なかなかユニークな人物だったようだ。文政九年（一八二六）十一月七日、介川は作兵衛に招かれて「あじろ屋」という茶屋に出向いた。そこで作兵衛は、自身が製作したというからくり細工を披露し、これを介川に贈っている。その細工物とは、からくり仕掛けの扇子箱《せんすばこ》と巻ネジで動く獅子の人形であった。「これはとても綺麗なもので、獅子の頭は金箔《きんぱく》、体を覆う布は緋縮緬《ひちりめん》で、ねじで動くしかけである」と介川は書いている。

また、文政十二年八月五日には、作兵衛の招きで屋敷の役人全員で茶屋に出かけている。

作兵衛趣向ニてすみよしやの座敷へ投扇曲の店・茶店又ハ甘酒・豆茶・りき（力）もち湯などをうり候ものなどをいだし、げいこ・仲居・大こもちなど弐拾人ばかりも出、こしかけを所々へ置銘々甘酒など麦湯にても勝手ニたべ、投扇いたし候ものほふひ（褒美）の姿にいたし瀬戸ものなど客へ呉れ申候。一統（全員）へ手ぬぐいをくれ申候。

住吉屋という茶屋の一室に、いろいろな出店風の屋台を置き、それぞれの屋台が供するものを楽しみ、扇子を投げて的に当てるゲームには商品も出た、ということである。また作兵衛は、宴席で奇術ショーのようなこともしている。天保四年（一八三三）七月二十二日の条には次のような記述がある。

手つまこれあり、いろ〳〵ふしぎなる事いたし、そのうち長もちの中へ入鍵《はいり》をおろし、屏風《びょうぶ》を立廻し、暫《しばら》くいたし外へ出おり候など怪しむべきの至也。長持は則すみよしやのもの二て、外《ほか》ニ仕かけ等もこれなく、助綱《たすけづな》にても遣ひ候ものならんと申事也。

「手つま」はすなわち手品である。この日の出し物のハイライトは、いわゆる「脱出」芸であったらしい。長持に人が入って外から鍵を掛け、さらに屏風で囲った状態で見事脱出するという芸である。長持はその場で料亭から借りたもので、特別なものではなさそうだ、とある。介川にはその仕掛けが分からなかったらしく、「怪しむべきの至也《いたり》」と、驚いたことを隠していない。

加島屋作兵衛は、財力もさることながら、派手好きで、稚気にあふれた人物だったようである。

## 酩酊商人　情に厚く

もう一人、面白い館入を紹介しよう。掛屋《かけや》を務めた鴻池庄兵衛である。掛屋とは、藩の蔵物の代金の出納を請負った商人である。鴻池庄兵衛《こうのいけしょうべえ》は、有名な鴻池善右衛門《こうのいけぜんえもん》家の分家筋にあたる商人であり、大塩平八郎の乱の時にはその襲撃に遭っている。

天保五年のある日、庄兵衛に誘われた介川は、「旧冬より茶屋へハ一円出申さず候へども左様ばかりには相成がたく、別して庄兵衛はその方流義に付ての事也」（三月十一日）と記している。後述するように、天保五年は前年の大凶作で多くの館入から多額の借金をしたあとだったから宴席には出ないことにしていたが、酒席をともなうのは庄兵衛の「流儀」なので仕方がないというのである。

時間は前後するが、文政十二年（一八二九）の一月二十九日、調達銀を依頼するために庄兵衛を屋敷に呼んだ。依頼の後、酒を出すとそのまま明け方まで飲み続け、勘定吟味役の山崎甚五兵衛の所に泊まり込み、「又々酒に相成、七ツ頃より甚五兵衛を連《つれ》候てわたやへ参候よし」とある。また、天保三年の九月十八日の記事には、「昨十七日鴻池庄兵衛武兵衛へ参候て酩酊《めいてい》の上拙者かたへ参、ぜひ茶屋へお供つかまつりたく申聞、住吉屋へ参候」とある。

さらに天保四年五月の末日、介川の助力のために登坂した勘定奉行富田治兵衛の借宅を訪れた庄兵衛は、またも「深更〔八ツ頃〕に及候へども酩酊にて帰り申さず候」ため、やむを得ず茶屋へ出かけている。「深更」「八ツ」といえば深夜の二時である。

庄兵衛の「活躍」はまだまだ続く。国許大飢饉の最中、天保四年の暮れも押し迫った二十八日夜の八時ごろ「大酔」で屋敷にやってきた庄兵衛は、そのまま一〇時ごろまで呑み続け、これから住吉屋へ行くと言って聞かないので、吟味役二人を同行させ、介川は遁れている。

翌天保五年、調達銀を募るために、国許から家老小野岡大和《おのおかやまと》（義音《よしね》）が登坂した。三月十七日、鴻池庄兵衛の招待で、小野岡を含めて屋敷一同がでかけたところまたまた「大酔」となる。

しかるところ庄兵衛極酔に相成、是非《ぜひ》只今より御出浮下《でうきくだ》されたく、左様これなく候ては出精仕《しゅっせいつかまつり》兼《かね》候など達《たっ》て申候に付、やむを得ず大和殿・拙者・衛門・吟味役もすみよしやへ参候。

と、介川は書いている。要するに、酒にお付き合い下さらないのであれば、お金の援助などできませんよ、と言っているのである。その庄兵衛は、翌日まで住吉屋に居続け、またも介川を誘っている。からみ酒ではなかったようだが、相手をする側はたいへんだったろう。その庄兵衛は、天保四年の大凶作にさいして二万両近い調達金を出して藩の期待に応えた。

文政十年と、やや時間はさかのぼるが、大坂詰を終えて帰国間近となった介川に、庄兵衛は酔いにまかせて、「あなた様への御土産《おみやげ》」として銀一〇〇貫目、利息月六朱（〇・六％）、返済期限なしで今すぐお貸しすると約束した。しかし、その翌日になって再び現れた庄兵衛は、「昨夜は酔中いかなる義申上候哉《や》、恐入候」と詫びを入れ、利息だけ七朱に変更してほしいと頭を下げている。深酒は、往々にしてこのような失敗を招くが、庄兵衛は、一〇〇貫目献金の約束は守った。ただし、元金を貸し付けたままで利息をとれば利益になるという考え方に立てば、庄兵衛のしたたかさも垣間見える。

## 藩の「仁政」を批判される

文政十二年（一八二九）の「借財仕法」については先に述べた。上方におけるおもな借入銀について、元銀の支払いを据え置き、利息を五～四朱に下げる決定をし、すべての館入を無理やり了解させた。通常の利息は月八朱であるから、厳しい条件である。

天保四年は、その最終の年にあたっていたが、藩は財政難を理由に、この仕法を継続することを決定した。しかもさらに利息を下げ、以降十年間そのままという、銀主にとっては相当に厳しい条件が付けられた。この仕法を依頼した時も、その継続を依頼した時も、その交渉にあたったのは介川だった。介川は貧乏くじを引かされたとも言えるが、見方を変えれば、上方の館入と親しく、事情に通じている介川をおいて交渉の適役はいなかったとも言える。

だが、これに酢屋利兵衛《すやりへえ》という堺の館入がかみついた。しかも、酒の席ではなく。口上書というかたちをとったから、これは正式な抗議であった。酢屋の言い分は次の通りである。

「御当家は他の御屋敷とは違い、信義を失うようなことは決してしない、五年が過ぎればもとの条件に戻すので、なんとか承知してもらいたいと仰せになられたので、自分だけが我意を張るのもいかがかと思い承知したのでございます。それなのに、昨年御国が凶作のため、御領民を救うために莫大な費用がかかるゆえ、新たな条件で継続とのこと。これでは先の仰せと黒白の違いであり、驚愕した次第です」（天保四年七月九日）。

ここまでは、おそらく口に出さずとも、他の館入も同様の思いであったろう。介川ががまんできなかったのは次の一節であった。

豊凶の義はいつれこれ有習《あるなら》ひ、御領民の御救等の費《ついえ》多く候故、夫《それ》を仰立《おおせたて》られ、銀方共《ぎんかたども》へ利下ケ等仰付《おおせつけ》られ候御義は、銀方より御国の民を救ひ申理《もうすことわり》に当り　君人の御仁政には相当らざるやに、恐ながら存《ぞんじ》奉り候。

つまり、豊凶は世のならいであり、民を救うという理由で銀主に利下げなどを強いるのでは、主君たる方の仁政とは言えないだろうと言うのである。これは、政道批判であり、藩主の政治姿勢に対する批判である。介川はよほど腹に据えかねたらしく、徹底して酢屋を詰問し、最終的に詫状を提出させている。

これ以前、文政十年に調達銀を依頼したさいには酢屋も協力していたが、それに対して家老の疋田斎《ひきたいつき》が、介川の労をねぎらいつつ、「酢屋なとハ愚痴々々といたしたるもの二候」と言っているところをみると、常に一言あるのは酢屋の個人的特性だったのかもしれない。

酢屋自身に言わせれば、自分は佐竹一門の壱岐《いき》家の蔵元として採用されたが、御本家の蔵屋敷に出入りするようになったのはごく最近であり、力のある他の館入たちと一緒に扱われるのではたまったものではない、ということもあった。

だが酢屋は、利にさとい商人らしく、商売上での秋田藩との関わりは少なくない。天保十年には、ハタハタ干鰕《ほしか》（商品化された肥料。通常は「干鰯」と書く）に二〇〇〇両を投資している（『秋田県史』資料編近世2）し、同七年には絹方から秋田産織絹を買い求めていることも確認できる（那波家文書「絹払帳」天保七年）。一言文句はあっても、利益が見込めれば先行投資するのも商人の特性であった。

## 商人は有益な助言者《アドバイザー》

飢饉前年の天保三年（一八三二）八月、介川は江戸に立ち寄ってから東海道を大坂に登った。登坂は四回目だが、今回は気が重かった。この年は作柄が悪く、財政補てんのため館入たちに新規の調達を頼まねばならなかったのである。

それだけならばまだよい。前回ふれたように、文政十二年（一八二九）に頭を下げて館入たちに頼んだ借財返済条件の継続を依頼し説得するという難問があったからだ。要は、借金返済の先延ばしを頼みながら、新たな借金を申し込むというやっかいな仕事を負わされていたのである。ここに、さらに天保四年の大凶作と飢饉という暴風が襲うのであるが、もちろんこの時の介川が知るはずもない。

到着後、しばらくは各方面の挨拶廻りや館入の歓迎会などで時間が過ぎた。十一月四日、大坂到着以来いまだ正式に蔵元等と盃を交わしていないこともあり、難波新地《なんばしんち》へ能鑑賞に誘い、帰路富田屋で酒席を設けた。そのさい、加島屋の支配人弥十郎が別席に介川を誘い、次のように伝えた。

明年ハ御仕法御年限明ニ候故あなた様・小の崎様なども御出坂ニ御座有《ござある》べきといつれも内々心得居《こころえおり》候、さぞ御心配遊ばさるべきと恐ながら存奉《ぞんじたてまつ》り候。

つまり弥十郎は、翌年が仕法の年限明けであることから、その用件で介川あたりが登坂することを予測していたというのである。「小の崎様」とは小野崎武兵衛のことで、勘定吟味役である。この時弥十郎は、継続であれば、これまで通りの条件で依頼すればよいと介川に伝えている（同年閏十一月二十二日）。さらに弥十郎は、不作のため大坂への廻米ができず国許で売り払うのであれば、三家（鴻池・塩屋・加島屋）は一向にかまわない、「御国元御益ニ相成事ニ御座候得《ござそうらえば》ハその義第一の御事ニ存奉り候」と、介川を激励するようなことを言っている（同年十二月十四日）。

吉文字屋《きちもんじや》久米蔵は、次のようにアドバイスしている。

これも仕法の事は来年中そのまゝニて苦しからず、どなたニても年限明の節仰出《せつおおせだ》されれ候事ニ候段申候。御調達ハいか様凶作の事ハ御やしきニて御申これなくとも浜かた等早くよく心得居《こころえおり》候事。天災拠《よんどころ》なき義ニ付来早春仰出され候ハヽ、何とか相成申すべ

く候と申候。（十二月十二日）

吉文字屋は「浜方」、いわゆる堂島の商人で、米の作柄については、全国の情報をいちはやく手にすることができた。右の部分にはそのことがよく示されている。仕法継続については、来年の発令でかまわず他家にもよくあること、御国の不作はすでに承知しているので、天災の事だからしかたがない、調達については来春早々依頼するのがよい、と語っている。館入らはただの銀主だったのではない。時には有益なアドバイザーでもあったのである。

## 天保飢饉前夜の調達依頼

加島屋《かじまや》弥十郎《やじゅうろう》や吉文字屋《きちもんじや》久米蔵《くめぞう》らのアドバイスを得た介川は、両蔵元と加島屋の三家に対する調達銀依頼の演説書を徹夜で書き上げ（天保三年十二月十六日）、翌日三家の者を集めて一斉に伝えた。

その内容は、国許が非常の不作で、窮民に対する手当が必要であること、江戸・秋田とも財政難であること、したがって、借財仕法執行中は新規の借り入れは行わない方針だったが、どうしても調達銀を依頼せざるを得なくなったこと、具体的な額は追って国許からの連絡で明らかにすること、などを盛り込んだものである。多くの館入たちの中心にあるのがこの三家で、彼らの対応が他の館入たちの動向に大きな影響をあたえることを考慮しての仰せ渡しであった。

しかし、三家はすでに心得ていたようで、案に相違してその対応はおおむね好意的なものであった。演説書の申渡しの後、慰労のために茶屋で酒席を設けたさい、その席で加島屋弥十郎は、鴻池・塩屋ともだいぶ感触は良いので心配いらないという情報を伝えている。

また、鴻池新十郎家の支配人幸八は、

明春の事ハよんどころなき義ニ御座候。これ迄あなた様・小の崎様ハいつも御難渋《ごなんじゅう》なる所へばかり御当《あたり》御迷惑なる御事ニ御座候。しかしあなた様ニこれなく候て相成ざるニ付自然その所へ御向《おむかい》の義ニ御座有《ござある》べく（下略）

と、逆に介川にエールを送るようなことを言っている。

これに意を強くした介川は、意欲的に他の館入との面談を続け説得につくした。ただ一つ問題となったのは利息であった。通常、非常事態で臨時調達を行う場合は、利息を一朱ほど上げるのが常識だと指摘されたのである。そしてそれは、介川に好意的な加島屋弥十郎も吉文字屋も同様に指摘した。しかし、結局加島屋が年七朱（七％）の利息でおりあい、介川の意に沿って進めることになった。

最初にこの新規の調達銀を承諾したのは辰巳屋久左衛門《たつみやきゅうざえもん》であった。辰巳屋が秋田藩の館入になったのは比較的新しく、文政十年（一八二七）のことであった。介川は、「久左衛門義は当時（現在）浪華《なにわ》金持の番付ニ八関脇ニ相成居候《あいなりおり》、鴻池新十郎と同様見競ニ候」と評価し、強く館入としての参加を求めていた人物であった。図10「浪花持丸長者鑑」（文政五年）では、上段右より三番目に「小結」として名前があがっている。住友吉次郎に次ぐ豪家という評価である。

この辰巳屋の五〇〇貫目を最初として、両蔵元・加島屋がそれぞれ六〇〇貫目、鴻池庄兵衛四〇〇貫目、千種屋《ちぐさや》忠三郎五〇〇貫目、室谷仁兵衛四〇〇貫目と、大口の調達が得られ、天保四年二月の段階で、四千貫目を超える調達銀を実現した。

ただ、実際には、蔵元の鴻池は家の財力疲弊を訴え出ていた。介川は、同家の苦渋は理解しつつも、「御《お》手前の財政事情はよく理解しているし、借財仕法の件でも迷惑をかけている。しかし蔵元の御手前が依頼の額を欠くようなことがあっては他の館入たちに影響が出る。よってここは、納入額は少しずつでよいから所定の額面だけはお請けするようなかたちをとってほしい」と説得していた。

この成果について介川は、辰巳屋の支配人からは「この度の大きな金額と利息の条件で、このように順調に事が済むなど、ほかの御大名家では考えられないこと」と言われたこと、また鴻池清八からも、「このような額の調達はとても二か月や三か月では実現できるものではありませぬのに、それを半年で実現してしまうなど、あなた様のお気持ちが皆にのり移ったのでございましょう」と評されたことを、やや自慢げに日記に記している（天保四年二月十五日）。

また、三月四日には、鴻池庄兵衛に関して次のような記載がある。

昨日鴻池庄兵衛参候節申聞候ハ、此節外《そと》ニてはりまや次郎助に逢候所、御屋敷様《おやしきさま》（秋田藩の大坂詰役人のこと）この度《たび》の御調達彼是《かれこれ》申上候事ならぬ勢《いきおい》、何とか申候ハヽ御叱を得そふのよふにてとふもならぬ様ニ相成、夢中ニて御請申上《おうけもうしあげ》候。扨々《さてさて》けしからぬ御勢《おんいきおい》と申候よし、酔中の笑話ニ候へき。

鴻池庄兵衛の語るところによると、先日外で播磨屋次郎助（室谷仁兵衛の子）に逢ったところ、今回の調達銀の件にかける御屋敷様の気迫はすさまじいもので、なにか言おうものなら御叱りをうけそうでどうにもならぬ様子、こちらも夢中でお請けしてしまった。さてさて、けしからぬ勢いでございましたと語り合った、というところであろう。これも、介川の自慢話である。これを語る鴻池庄兵衛にもまだ余裕がみられるし、介川がこれを日記に自慢げに記すのも重荷をおろしたような安心感があってのことだろう。

だが、このあと東北は、未曾有の凶作と飢饉に襲われることになる。

## 交遊、助言、駆け引きも

調達銀に続く課題は、借財仕法継続の依頼である。継続自体にはあまり問題はなかった。多くの大名が借金対策として行っていたし、大名貸をする銀主側も、相応の予測をしている場合が多かったからである。すでに書いたように、加島屋も吉文字屋も、今回の介川登坂の目的がそこにあるだろうことは予測していた。

しかし問題は、利息をさらに一朱下げ、以降十年継続としたところにある。また調達銀を募った直後であるから、これを発令するタイミングも問題である。実際、館入の一人久々知屋吉兵衛《くくちやきちべえ》は、おおむね介川の意向を了解しつつも、「よう〱御調達の義相済《あいすみ》又々引続候てハいつれも胸つかへもいたし候筋かた〱の事ニ候」と指摘し、来年いっぱいは時間があるから、一度どなたかが国許へ帰り、相談の上決定したという体裁をとったほうが受けがよいと助言していた（天保四年二月二十三日）。

しかし介川は、五月に調達銀に協力した館入たちへの藩の褒賞を行い、その月の下旬に三家に対して、家老たちの連署状という形で仕法の継続を依頼した。その条件は、①元銀返済なしで利息は年利の一朱減、②従来通りの利率で返済を希望する場合は、その額の半分を利息、半分を元銀の返済分とする、のいずれかを選択させるというものであった。

浜方（堂島）の館入たちには吉文字屋久米蔵を通して、内々の意向を確認するという方法をとったが、中でも秋田藩ともっともつながりの強かった室谷（播磨屋）仁兵衛には、三家と同様の家老の連署状を送って真意を示した。

じつは室谷は、借財仕法を通達した文政十二年（一八二九）、介川が大坂を去るにあたって、かなり長文の書簡を渡している。そこには、五年といえば余裕がありそうに思うが、時はすぐに過ぎてしまう。期限が切れるとき、御家が約束を反故《ほご》にするようなことになれば、

難渋は勿論ニ候へとも何分信立たざる御屋敷と存《ぞんじ》なし候えば、以来の御融通犇《ひし》と差塞《ふさがり》候義ニ御座候。

と述べられていた（八月二十日）。財政が苦しいことはわかるが、もし期限が来たときお約束の通りにもとへ戻すことができなければ、信用のならない御屋敷だということになり、それ以降の資金の依頼が困難になりますよ、ということである。室谷は堂島のやり手商人だったから、先が読めないはずはない。介川に対してかるく釘をさしたといったところだろうか。

介川と室谷は、仕事を越えた交流があり、面白いことに和楽の合奏をしばしば行っていて、介川の担当楽器は笙（しょう）であった。この箴言《しんげん》を読んだ介川は、室谷を「町人ニハ中々気概なるもの也」と記した（文政十二年八月二十日）。しかし、事態は室谷が懸念

した筋道で展開したということになる。先にふれた酢屋の藩政批判は、館入の中にそのような不満を生じさせたことの証左であった。

それでも浜方の館入らは、吉文字屋の根回しもあって、介川の依頼を承諾した。ただ、加賀藩の仕法も今年が期限切れになるので、秋田藩のことは、来年まで待ってほしいと伝えてきた。いわく、加賀藩の金額が大きいため、秋田藩の条件で承諾したことがわかってしまうと、それを利用されるので困るというのである。どこの藩も同じような策をたて、商人も駆け引きを忘れていないのである。

## 商人頼みにも限度が

室谷とは趣味が合ったようで、和楽の合奏のほか、天王寺《てんのうじ》の舞楽《ぶがく》見物にも誘われて同行している。いわゆる「文人」志向の人物だったのだろう。たとえば、登坂のさいの土産などでも、秋田産のもの以外に、室谷には「書画扇」や「詩聖堂詩集」など、芸術にかかわると思われる品を贈っている。

もちろん、趣味嗜好が同じだけならそれほどの気遣いは必要ないが、室谷が「浜方」の中心的人物であることも、介川には無視できなかった。

大名は大坂に米を送り、蔵屋敷では米切手を発行したが、その額は、実際に蔵屋敷に保管されている米の量を上回った。この場合、将来送られてくる米がその引当《ひきあ》てとなるが、しばしばその通りにならないことが起こった。その場合、すでに発行した米切手を渡して得た代金は借金となる。米切手一枚の額はたいした金額ではないが、ちりも積もれば山となる。しかもこうした債権者は多数におよび、米切手も転売されるから、藩からは債権者の「顔」は見えなくなる。多くの大名は、こうした「浜方」の借金を抱えていたのである。

天保三年（一八三二）に「借財仕法」継続（元金凍結、低利の利息返済）登坂したさい、室谷のメッセンジャー役であった吉文字屋久米蔵が、「御国不作の事ハいつれもよく心得おり候間《あいだ》、その筋を以御頼《もっておたのみ》はいつれも異義これなき筈」といっているのは、そうした借金は気にしなくて良いという意味を含んでいる。こうした面には多分に室谷の調整がはたらいていたと思われる。だから、室谷は介川にとって大切なよりどころでもあったのである。ところが、次章で述べる天保四年の大飢饉とそのための調達は、親しかった二人の関係を微妙なものに変えた。

当初は介川の相談にも応えていた室谷だったが、調達銀の依頼が再三におよぶと、次第に介川との間に距離を置き始める。病気と称して介川の前に姿を見せなくなり、交渉役に実子の次郎助や支配人の権之助があたるようになった。

そして、天保四年後半の調達依頼には、米二〇〇石を献納するので、これで勘弁してくれと伝えてきた。これには、室谷に対する期待が大きかっただけに、介川の落胆もそれ以上であったらしく、「何とも力を失い候」（天保五年一月二十四日）と書いている。さらには、実子次郎助から、「実ハ親ども病気と申すも右の苦心（調達銀のこと）よりの事ニ御座候」といわれる始末であった。

しかし、大凶作と飢饉を乗り切り、落ち着いてくると、両者の関係もやや好転してきたようである。天保九年十一月、仁兵衛が隠居し家督を次郎助に譲ることになると、藩から祝儀として銀二〇枚を贈り、十二月には、その祝いをかねて住吉屋で酒宴を開いてもてなしている。交流の深さに安易に甘えることはできないことを、介川は肝に命じたに違いない。

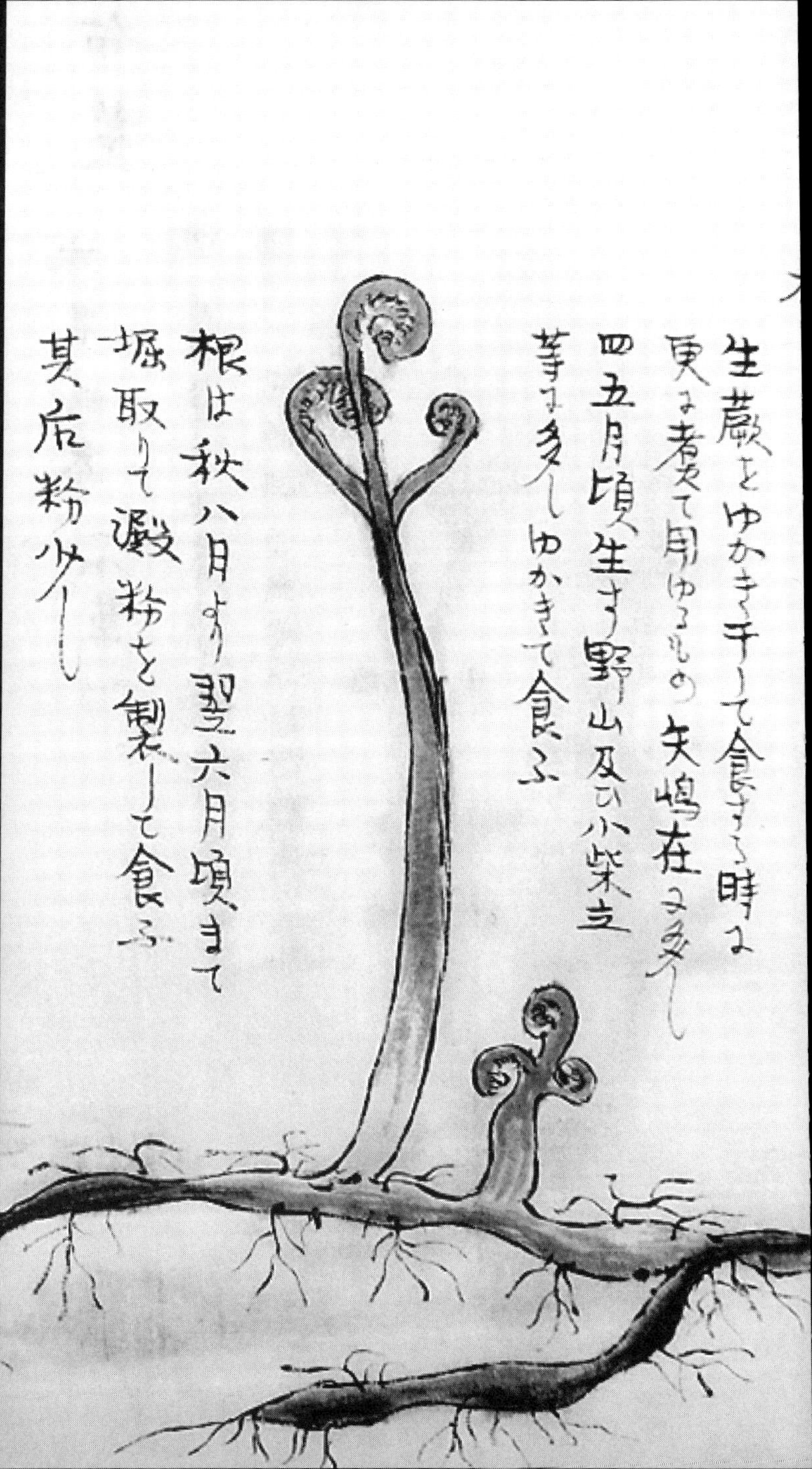
生蕨をゆかき干して食する時は
冬は煮て用ゆるもの 矢嶋在は多し
四五月頃生す野山及ひ小柴立
等は多しゆかきて食ふ
根は秋八月より翌六月頃まて
堀取りて澱粉を製して食ふ
其后粉少し

図11 「救荒食物図鑑」。秋田県公文書館所蔵。

## 国許から不穏な報せ

話が前後するが、ここからは天保飢饉にかかわる話である。

酢屋利兵衛の藩政批判は介川の心にしこりを残したが、それ以外は大きな抵抗もなく、借財仕法の継続が館入らによって承諾された。これで、介川の大きな課題はほぼ解決された。天保三年（一八三二）八月に大坂に赴任した介川と交代で国許へ帰るはずであった富田治兵衛（勘定奉行）は、調達銀と借財仕法の継続という難題が解決されるまでともに館入らとの交渉にあたっていたが、七月に入りようやく帰国の目途がついた。

天保四年七月二十五日、その富田の送別会をかねて、三家と辰巳屋の関係者を招いて富田屋で酒宴を催した。調達銀などの協力に対する礼という意味もあったのだろう。配膳は主催者である介川らが勤めている。屋敷方九名、館入方は支配人らを含めて一五名であった。翌日は、前の晩も出席していたにもかかわらず、鴻池庄兵衛が誘いに訪れ、住吉屋へでかけている。

それから三日後の七月二十九日、秋田から天候の不順と作柄の悪化を伝える最初の手紙が届いた。天候は「晴雨不定、とかく冷気ニて、袷《あわせ》・わた入を着候体《てい》」で、作柄は「一体稲育宜《よろし》からず、別《べっし》て山本・両比内・男鹿よろしからず、御城下廻《ごじょうかまわり》宜からず」だという。同役の金易右衛門《こんやすえもん》からも、米価の高騰と、飢饉食である蕨根《わらびね》もいたるところ掘り尽されている状態であることを伝える書簡が届いた。これに不穏な事態を感じとった介川は、日記に「実以《じつにもって》恐怖至極の義ニ候」と書きつけている。

さらに国許からの書簡には、もう一点介川の気を重くすることが書かれていた。それは、「御ふしん御手伝之義いろ〳〵尽《つくしいたり》至候へとも、一昨廿日《はつか》迚も御遁《おのが》れこれなき段内々其向より知らせこれあり」という部分である。幕府から不時に賦課される御手伝普請《おてつだいぶしん》がいよいよ避けられなくなった、というのである。具体的には、久能山《くのうざん》にある諸社寺の修復で、秋田藩の負担はおよそ三万両になるだろうとのことであった。

八月に入って早々、介川は浜方の吉文字屋久米蔵《きちもんじやくめぞう》に、西国方面の作柄について尋ねた。それによると、長州や四国・九州あたりは豊作、広島あたりはやや虫害があるが、そのほかは全体豊作とみえる。東に移るにしたがってやや作柄が悪いようにも聞いている。「北国・東国の義ハ御承知の事故申上《ゆえもうしあげ》ず候」ということであった。

介川はただちに買米《かいまい》（米の買入れ）を考え、秘密裏にその方面に探りを入れている。しかし、米価は高く、仮に広島米を買って秋田に送るとなると、運賃を含めて一石一一六匁ぐらいになるという。通常価格のおよそ二倍である。もう少し秋田からの情報を待ってから進めた方がよいと指摘されたが、介川は「しかし油断もなり申さざる故少しツヽは買入《かいいれ》申すべし」と日記に記している（天保四年八月三日）。

そしてその翌日、先月二十七日に江戸を立った飛脚が到着し、正式に久能山の御手伝普請が課せられたことを知らせてきた。こうして、言語を絶する苦渋の一年が始まった。

## 商人も「公務」を担う

久能山御手伝普請《くのうざんおてつだいぶしん》のことを聞きつけた館入たちが様子をうかがいに訪れた。御手伝普請とは、幕府が諸大名を動員して行った、城郭の修復や大河川の川欠《かわが》け（堤防決壊）修復などの大規模な土木工事である。これには、何年おきとか順番などのルールはなく、臨時の課役としてほとんど突然降りかかってくる。

公儀から選ばれたという形になるから、表向きは、その仕事を申しつけられたことを「御悦び」などと言うが、振り当てられた大名にとっては迷惑以外の何ものでもない。当然、その大名と館入として関係を結んでいる商人たちも無関心ではいられない。

八月五日、加島屋弥十郎は、「飛脚屋から聞いて（御手伝普請の報せを）知ったところです。定八も大いに心配してとりあえず参上いたしました」と、まっさきに顔を見せている。介川は、およそ三万両は必要となり、大半を秋田表で負担するつもりであるが、今年の作柄も不安であることを伝えると、弥十郎は「半分も此表《このおもて》ニて御持と申事ニもこれあるべきや」と感想をもらした。国許とも相談してからの事と介川は答えたが、弥十郎のあとにやってきた山下八郎右衛門には、「半分も此方ニて調達致さず候ハヽ、相成まじきや」と答えている。

七日、介川は、加島屋屋定八と弥十郎を内々屋敷に呼び、「三万両のうち、二万は江戸、一万は秋田で用意する心積もりであるが、国許の状態のことを考えると、大坂でも一万ぐらいは負担しないといけないだろう」と伝えた。これに対して弥十郎は、

左様《さよう》御座候ハヽ、拠《よんどころ》なき　御公務の事ニ候ゆえ、壱万と壱万五千ハ出来申さざる事もこれ有まじくや（公務とあれば一万両でも一万五千両ぐらいは準備できないことはありません）。

と言い、さらに、

御館入ともハ右様御用の節ハたとへ打続候ニいたし候ても相勤申さず候てハ相成らざるもの二候。

と語った。

この部分は、館入という存在を考えるうえでたいへん重要である。商人であるから利を追及することには相違ないが、ここで弥十郎は、館入として務めている御家が公務として果たさなければならないことには、援助を惜しまないのが館入としての務めだと言っている。

なぜ上方商人は、高いリスクを犯してまで大名にカネを貸すのかという問題は、現在でも決定的な説明はできない。しかし、当時の館入の意識の中には、現代の商人にはなかった要素があったのではないかと筆者は考えている。「仁政」は大名が領地や民を支配するための論理だが、その一翼を担っているという自己認識(矜持といってもよい)である。

こういうと、きわめて文学的表現になってしまい論証になっていないと批判を受けることにもなるが、無視できない要素ではないだろうか。

## 大凶作の報が刻々と

天保四年（一八三三）八月十二日に介川のもとに届いた国許からの書簡では、七月下旬以降暑さが戻り、「御城下廻《ごじょうかまわり》・下筋《しもすじ》も盛り出穂《すいほ》ニて（中略）此分ニ候ハヽ、昨年よりハよろしかるべし」（「下筋」とは、現在で言う県北の地域）と、稲の状態が持ち直しを見せているとの報せが入ったが、この後の天候次第であると含みももたせていた。

そして、九月に入って決定的な報せが来る。八月十九日に飛脚が国許を発ち、九月七日に介川のもとに届いた書簡である。先の書簡にあったようにいったんは持ち直したかに見えたものの、「その後雨勝冷気《あめがちれいき》、八月六日夕雷雨ニて雹《ひょう》又ハ霰《あられ》ふり、八日ニも霰ふり候て一通《ひととおり》ならぬ荒つゝき」となり、仙北三郡（仙北・平鹿・雄勝）においても状態が良いと思われるところでも四割ぐらいのできで、全体としては「絶作同様」といわざるを得ないと伝えてきたのである。そして、随《したがっ》て米価沸騰《ふっとう》、下白米壱升百五六十文のよし、此頃ニいたり非人《ひにん》も多く出、御救木《おすくいご》屋立置《やたておか》れ候趣（中略）、明年御領中飯料《はんりょう》行届申すまじきニ付、差金《さしがね》を以ってなり拾万石も大坂ニて御買米なされ候。

という、驚くべき状況を伝えてきた。文中の「非人」とは、乞食・浮浪者のことである。「御救木屋」とは、それらの浮浪者を収容して、粥《かゆ》などをあたえる場所である。また「差金」とは、手付金といったところか。

同役の金易右衛門《こんやすえもん》からも同日に書簡が届いた。金は、他の同役たちは四割程度のできと言うが、自分は平均して二割半のできと判断していると伝えてきた。

また、金の書簡は、土崎湊で騒動のあったことも伝えている。それによると、七一三人が、湊役所前の遠州屋を第一にめがけて家蔵に押し入り米探しを行い、藤田長九郎・真鍋喜兵衛ほか二名が同様の被害に遭ったことを伝えている。同様のことは、牛島村でも起こったとも書いている。さらに、「近国残りなく凶作、多人数入込候」事態となり、それを領内に入れないために、境口に役人を多数派遣している様子も書かれている。

また、同じく勘定奉行の清水衛門《しみずえもん》からは、「天明三卯年より八正《まさ》しき悪作と古老のもの中候」という書簡を受け取った。

　続いて十三日に届いた書簡によると、仙北二郡はよくて四割のでき、男鹿はじめ五城目辺から阿仁・比内山本郡はことに悪作で、大館あたりはよい方とのことであったが、最近検使の願いを出してきたとある。そして、「在々ハ只管《ひたすら》わらびの根を掘、又ハ草木の葉を以《もって》命をつなき候体《てい》」であることを伝えている。ワラビ根は飢饉食の中でもポピュラーなものであるが、そのほか食べられるものはすべて「糧（かて）」といい、藩は凶作時にはこれらを採集して非常事態にあてることを常に指示していた。

　ここまでくれば、もはや大凶作は疑いようもない。天保三年の凶作補てん用の調達銀と

図12　天保飢饉にあえぐ人たち。北秋田地方の様子を記録した「天保凶飢見聞録」（個人蔵）。秋田県立博物館提供。

借財仕法の継続を依頼したばかりのところへ、幕府御手伝普請の下命、そして国許の大凶作。絶対絶命のピンチであった。

## 飯米確保という難題

久能山の御手伝普請については、八月二十四日付で、幕府に対して願書を出した。国許の天候不順の様子を詳しく述べ、御手伝普請の免除を願い出たのである。とりあえずは、江戸留守居役の名前で提出した。翌月の五日、正式に佐竹右京大夫の名前で幕府に提出される。それに添付された領内の様子を伝える報告書には、

年々貯置《たくわえおか》せ候穀類も近年打続《うちつづき》不作ニ付貯方《たくわえかた》行届申さず、その上昨年の不作ニて村々困窮におよび候に付、貯置候分は雑穀ニ至迄《いたるまで》残らず夫食《ぶじき》（食料）ニ相渡。その外葛《ほかくず》・蕨《わらび》堀取らせ、かさ葉蕗の類刈取、漸《ようやく》当秋迄の取続方《とりつづきかた》手当仕置《つかまつりおき》、偏《ひとえに》ニ秋作《あきさく》を相待罷在《まかりあり》候所、当年の儀は前文申上候通稀成《まれなる》凶作、領分皆無同様（下略）

とある。これによって、とりあえずはこの公務を延期してもらうことにはなった。

しかし、問題はそれではすまない。国許からは一〇万石の買米（米の買い付け）が必要だと伝えてきたが、その代金をどうするかなど具体的なことは何も書いていない。書きようがなかったというのが実状であろう。だが、現実に日夜館入《たちいり》たちと接している介川にしてみれば知らないではすまされない。

加島屋弥十郎にはすでに状況を伝えていたが、さすがにただただ「恐入」、とにかく定八とも相談してみると答えただけであった。

天保四年九月十五日、米の動静に詳しい堂島の吉文字屋久米蔵《きちもんじやくめぞう》を招き、買米のことを相談している。すると久米蔵は、「じつは弘前様《ひろさき》から今朝呼び出され参りましたところ、弘前の御領内も非常の悪作で、買米のためにお役人がすでに大坂にお登りでございます」と語った。さらに久米蔵は、十一月ごろになれば西国・九州の新米が入ってくるので値も弛むだろうから、できるだけ買い入れることが肝要だとしつつも、買米は秋田だけのことではなく他藩も同様で、その量が多分となれば、大坂自体が米不足となり、他領への移出を差し止められる恐れもあると注意を促した。

十七日、鴻池・塩屋・加島屋の三家の支配人を招き、秋田の窮状をつぶさに語って聞かせ、買米のための調達銀が必要になるかもしれないことを伝えた。それに対する館入らの反応は「いつれも驚入《おどろきいり》深く恐怖の様子ニて、何分主人共ニも得《とく》と申聞置申すべく」というものであった。この春先、すでに大口の調達銀依頼に応じたばかりである。当然のことだが、いずれも即答を控えたのである。

十八日の記事には「津軽・南部・仙台等皆別段出役《でやく》これあるよし、かた〳〵早々同役の内出登候よふニ申達」とあるから、介川も他藩の動静を見て焦りを感じていたことが読み取れる。他藩は、すでに買米のための係役人を出張させていたのである。介川は、翌日秋田に宛てて、誰か国許の状況を説明できるものを一名派遣してもらいたい、そうでなければ館入たちを納得させるのは困難であると書簡を出している。その間、懇意の千種屋《ちぐさや》と鴻池庄兵衛に事情を伝えているが、もちろんその場では色よい回答を得られていない。

蔵元の一人である塩屋は、支配人平蔵を通して、商人という者は、お武家様がお考えになるほど常時手元に金を持っているものではない。しかし、金は融通するものなのでなんとか努力はしてみましょうと伝えてきた（九月二十二日）。

また、吉文字屋久米蔵は、弘前藩が正式に四万石の買米のことを館入たちに命じたという情報をもたらした。弘前藩の情報が介川のもとに入るということは、秋田の情報も他藩に漏れるということである。そして最大の問題は、それらの情報が大坂町奉行所にも入るということである。

大坂は大都市であり、しかも幕府の直轄である。東北の飢饉はそのまま大消費都市である江戸にも波及するだろう。もし幕府が、大坂に対して江戸への廻米を命じたらどうなるか。ここにおいて介川は、調達銀の問題だけでなく、いかにして買米を実現するかという問題に直面する。

## 「救世主」辰巳屋の口上

天保四年九月二十七日、介川は辰巳屋久左衛門《たつみやきゅうざえもん》に秋田の窮状を伝えた。辰巳屋は、天保四年の春に依頼した調達銀を、無条件で最初に承諾してくれた館入である。

辰巳屋は即日支配人の佐助を派遣してきたが、驚くべきことに、その場で銀一〇〇〇貫目の調達を承諾したのである。それで調子に乗ったのか、同席していた吟味役の小野崎武兵衛はできれば二〇〇〇貫目をお願いしたいと頼み込む。佐助は、そのことはまた店のものと相談するとしてその日は帰った。

翌日、加島屋定八から住吉屋でお会いしたいという誘いがかかった。会ってみると、話の内容は、前日の辰巳屋への依頼の件であった。聞くところによると小野崎様が辰巳屋に二〇〇〇貫目と頼んだというが、これはあまりに額が大きすぎる。デリケートな話だけに御屋敷にうかがうのは恐れ多いのでここにお招きした次第ですと言う。加島屋定八としては、秋田藩に対して最もよく援助してきたという自負もあり、辰巳屋に出鼻を挫かれた気がしたのかもしれない。巨額の調達銀が前例となることを嫌ったとも考えられる。

その加島屋を含む三家支配人は、二十九日、そろって自分たちの窮状を訴えてきた。もちろん彼らも負担なしで済むとは考えていない。具体的な数字をあげた結論を先延ばしにしてきたのである。

辰巳屋は、「久左衛門義ハ、仰せ出され候銀高一銭たりとも欠《かけ》申さざる様御受申度義《おうけもうしたきぎ》は兼ての心底《しんてい》ニ御座候へども、此度ハいかんとも行届兼《いきとどきかね》申すべし」と、さすがに倍額とすることは断ってきた。しかし、先の千貫目に二百貫目を上乗せして承諾の意を伝えてきた(十月一日)。次は、支配人佐助の口上である。

年来加州《かしゅう》様・薩州《さつしゅう》様等の御用も相勤罷有《あいつとめまかりあり》候へども、これまで弐万両の御高一同ニ御《お》請《うけ》申上候事ハさらニこれなく（中略）、御屋敷様の義ハ別段御懇命なし下され候に付深く有難《ありがた》く存じ奉り、御大造《ごたいぞう》の御用ニハ相応し申さず不行届の段ハ恐入奉り候へども、久左衛門身本ニ取候てハ容易ならざる銀高ニ御座候得《ござそうらえば》ハ、精々心配《こころくばり》出精《しゅっせい》申上候義ニ御座候ゆえ、何卒《なにとぞ》これにて宜しく御聞済《おききすまし》なし下され候様仕《つかまつり》度《たく》願奉り候

辰巳屋は加賀藩や薩摩藩に対しても御用を務めてきたが、一度に二万両を調達したことはさすがにない（銀一二〇〇貫目は二万両にあたる）。しかし御家様（佐竹家）は辰巳屋にとってても大切であり御懇意にさせていただいてきたので、このように御受けする次第である。ご希望にお応えすることができず失礼極まりないが、これが久左衛門のできる精一杯のところである、というような意味である。

この時佐助は、返済期限などのことにはふれず、他家より早くお貸ししたのだから、御返済のさいも一番に、と笑いながら話したとある。闇夜に一筋の灯りに出合ったようなものので、よほど嬉しかったのか、介川は「心底実ニ感入《かんじいり》候事ニ候」と日記に書いている。

## 商人こぞって及び腰

天保四年（一八三三）の十月以降は、ほとんど調達銀と買米の交渉である。もちろん、前者ができなければ後者も不可能となる。それでも凶作の問題が秋田藩に限らない以上、放置してはおけない。ここでは、調達銀の交渉についてみよう。

日記の十月二十四日の条に、一〇万石買下げの予算が記されている。それによると、大坂で八四〇〇貫目、江戸と秋田で三六〇〇貫目を調達し、それを米一〇万石の買入れにあてる。そしてそのうち五万石を売却して大坂への借金返済にあて、残り五万石を家中と領民の飯米にあてる、というものである。辰巳屋の一二〇〇貫目承諾で好転するかと思われたが、その後はさすがに難航した。以下に、これまで懇意にしていた館入たちの反応をあげてみる。

千種屋《ちぐさや》九十郎《くじゅうろう》の場合。「九十郎は分家して間もなく本家とは違います。この春の調達でできる限りのことをしたので、今回の巨額の依頼にはとても応えきれません」（十月二十八日）。

室谷仁兵衛の場合。「商人というものは、手形《てがた》で商いをするので、現金はそんなに持っているものではありません。また、我々も妻子を養わなければなりません。精一杯努めてはみますが、ご期待に沿えそうにはありません」（十月二十九日）。

塩屋孫左衛門の場合。「当家は、他の館入と違い、ほかの御大名家への出入りはなく、ただ御屋敷様の御威光だけでやってまいりました。孫左衛門自身は家財を売り払ってもお応えしたいとの意向ではありますが、いろいろ家内の事情もあり、その辺のところをなにとぞご勘案ください」（同前）。

加島屋作兵衛の場合。「店方《たなかた》で話し合いを続けているが、なかなか結論が出ません。それぞれの支配人が他の御大名家に出入りしているので、そちらからの依頼もあり、秋田様のことだけを押しきるのは困難です」（十一月一日）。

いずれも苦渋を訴えているが、中でも深刻な状況にあったのは蔵元の鴻池新十郎家だった。同家は文化九年（一八一二）に秋田藩の蔵元に就任したが、文政八年（一八二五）、当主が又右衛門から新十郎に代替わりしていた。時間は遡るが、文政十一年の暮れ、当主新十郎自身が介川に詳しくその内情をこぼしている。祖父の代には他家と肩を並べる力があったが、度重なる御用金に手詰まりとなり、近年は鳥取藩・宇和島《うわじま》藩・弘前藩などの「御断り」（返済の拒絶）にあい、大打撃を受けた。自分が家督を継いで諸帳面を点検したところ、これほどの危機状態にあることを知って私自身が驚いたほどである、と（文政十一年十二月八日）。

これが単なる言い訳でなかったことは、このあと新十郎が数度にわたって、同家に伝わる書画骨董を売り払っていることからも察せられる。このような鴻池新十郎家にとって、今回の調達銀は、あまりに重い課題であった。新十郎は、蔵元として藩からいただいている禄米をすべてお返しして「九牛《きゅうぎゅう》の一毛《いちもう》」（わずかの意）のお手伝いとしたいと言い出す始末であった。介川は、

実ニ余義なきわけ、気の毒の至《いたり》に候へども、新十郎右様《みぎよう》の事ニ相成候てハ外々《ほかほか》へも大ニさし障《さわり》候ニ付、やむを得ず手強《てごわ》く（強く）申候事也。


と日記に記している（十一月七日）。

天保四年（一八三三）十一月六日、ようやく加島屋作兵衛家から九〇〇貫目を承諾するとの回答があった。支配人の弥十郎は、以前より「責《せめ》て辰巳屋より低く相成《あいなり》申さざる様《よう》つかまつりたく候」と語っていたが（十一月一日）、それでも秋田藩に対する好意的な配慮

がみてとれる。調達銀の多寡をめぐって、辰巳屋にへの対抗心が垣間見えるのが面白い。

## 買米に奔走する日々

調達銀と並行して進められた買米《かいまい》交渉も難航した。時間は前後するが、天保四年（一八三三）十月、秋田を発った清水衛門《しみずえもん》は、北国街道《ほっこくかいどう》を登って北陸に向かっていた。買米を進めるためである。当初加賀藩との交渉でいくばくかの買米をまとめる算段であったが、交渉は難航し、富山で五斗俵二千俵の買米をまとめ、十九日に大坂に着いた。

この間、介川も大坂で各方面の情報収集に努め、交渉を進めている。すでに秋田の凶作が明らかになった時、辰巳屋の支配人を通じて加賀藩との交渉を試みている。そのさいには、大坂登《のぼ》せ米からの販売はできないが、商人米ならば可能かもしれない、などの情報を得ている。実際、十二月に入って加賀から飛脚が届き、商人米であれば五〇〇〇石くらいは可能だという知らせを受けている。ただし、一石一一五匁（公定は六〇匁）であるからほぼ倍の値段である。

十一月には、伊予米一〇〇〇石、筑前米五〇〇〇石、広島米三〇〇〇石、備前米一〇〇〇

石の買入れの話をまとめている（十一月十四日）。そのほか、薩摩藩・土佐藩・阿波藩などにも積極的に働きかけている。天保四年の暮れには、吉文字屋の口利きで佐賀藩に買米の件を相談し、これは翌年一月になって二〜三〇〇〇石の買入れが決まっている。さらに国許でも、大越丹治《おおごしたんじ》・近藤瀬兵衛《こんどうせへえ》が越後に赴き、一万二〇〇〇石の買入れに成功している。

ただし、大坂の場合、買い入れたといっても米がただちに現物として介川の手元に集まってくるわけではない。基本的に取引は米切手《こめきって》としてやり取りされる。この米切手が現物と引き換えられて最終的に取引が終るのだが、実際に大坂に回漕されてくる米の量より多い分の米切手が発行されているのが普通であったから、現物が手元に納まるまで不安は常につきまとった。

室谷の支配人播磨屋権之助《はりまやごんのすけ》は介川の相談に対して、「西国九州筋より登り米例年上作の年ハ弐百五六拾万俵」とし、次のように答えている（天保四年九月二十六日）。

上作ニてよふ〳〵九拾万石位のものニ候。その内御国へ拾万石御買下しと相成《あいなり》候てハ、そのほか弘前・会津等よりも下し米申来候よし、容易ならざる事ニ候えハ《ば》、品《しな》ニより他国御さし留等これあるまじきものにもこれなく、尚早々御買入なされず候てハさし支《つかえ》申間敷《まじく》と八申されず候。

西国・九州からの登せ米は、上作の年でおよそ九〇万石。それに対して秋田だけで一〇万石を買い入れるという。さらに弘前や会津が買米に走るだろうから、これは容易なことではないと言っている。そうなれば、他領への米の回漕が差し留められることもありうると言っている。

当時御相手番《おあいてばん》であった渋江和光《しぶえまさみつ》は、国許に米が集まらないのは、すべて役人たちが目先の小利にこだわっているからだと批判しているが、これはまったく現実を知らない門閥の言と言わざるをえない。

図13　秋田藩の米切手。右側に「米三拾俵」、左下に「穐田蔵」とある。その上の文字は管理番号。中央に「右可相渡、水火難不存候、以上」（「水火の難については当方は関知しない」）とある。しかし、この切手には、入札の日付や入札者の名前がない。これは蔵屋敷が借財をするさい、その担保として借用証文に添えて出されたもので、「坊主切手」といい、市場で流通するものではなかった（高槻泰郎『近世米市場の形成と展開』）。

## 米の移出に新たな壁

買米に奔走する介川たちの壁となったのは、大坂という都市自体が抱える問題であった。すでに播磨屋権之助が、大量に米を移出すると上から差止められる恐れがあることを指摘していたが、それが現実の問題となりつつあったのである。天保四年（一八三三）十一月五日、介川は吟味役の小野崎武兵衛を西町奉行与力吉田勝右衛門の所へ遣わし、次のように抗議している。

買米を請《うけ》申付候もの御吟味ニ付迷惑いたし居《おり》候のみならず、敷銀渡置候分限日相《しきぎんわたしおきそうろうぶんかぎりび》廻《まわり》候へとも代渡候て米引取申すべき様《よう》これなきニ付如何《いかが》いたし然《しか》るべきや。

ここで介川は、買米を請け負った者を吟味されてはやりにくくて困る。また代銀取引が成立している者に対して切手を渡しても米を引き渡さないというのはどういうことか、と主張している。大名たちから買米を請け負った者を、大坂町奉行所がその事情について吟味していたことがわかる。

この段階で秋田藩は、およそ二万石の米切手（他藩の蔵屋敷が発行したもの）を所持していたが、それを現物に引換えることができないという事態に直面したのである。加島屋弥十郎も、大坂市中の状況を次のように報告していた。

町御奉行ニてハなるたけ米下直《げじき》ニいたし候様との御仕向《おしむけ》ニて、入替《いれかえ》取候事も御吟味ニて御さし留、少しの石数《こくすう》買入候ものも御吟味、調達等当分ニいたし候ものも御聞合《おききあい》の入《はいり》候様《よう》にていよ〳〵一統甚《はなはだ》恐入《おそれいり》、店《たな》かたなとニても大ニ心配仕り罷在《まかりあり》申候（十一月十日）。

町奉行所は、市中の米価を安くするために、米切手の質入を禁止し、わずかの米を買い入れた者を吟味し、また調達銀を請け負った者も吟味しているというので、皆この事態を非常に恐れている。また、高額の調達銀を承諾した者については決して漏らさないようにと（店方から）指示された、というのである。文中に「入替」とあるのは米切手を質入する行為をさす。つまり、大坂町奉行は、大名の米買入を予測し、そうした動向を抑えようとし始めたのである。

一体米不足ニて一統粥・雑飯は下され居《おり》候得共《えども》、来夏より向ふニ相成候は《(はば)》銘々ニも如何《いかが》相成ものか、大坂中飯料さし支《つかえ》申すべきやと咄合候もの多分ニ御座候。米ハいよ〳〵高く、浜ニてハ買手不足、静ニてすごき事ニ御座候など申候。

右は、吉文字屋のもたらした情報である（十一月二日）。大坂も全体が米不足で、粥や雑飯は今のところ下されているが、来年の夏以降どうなるかはわからない。大坂中飯米がなくなるだろうともささやかれており、堂島市場は取引がなく静かで不気味なほどである、といったところであろうか。

介川は、こうした風聞について、以前より懇意にしていた西町奉行所与力吉田勝右衛門に会ってその真偽を直接訪ねている。吉田は、「米価が高騰すれば見込買をする者が多くなるので、それを防ぐためにしていることであり、御家（秋田藩）が少しずつ買い入れる分には何の支障もない」と説明して介川の理解を求めた。また、もし御家で買入れた米を御国に回漕することまで差し止めるということになればあらかじめその旨を明らかにしておかねばならぬことである。いちいち届け出られてはかえってよくないので少しずつ回漕されても構わないとも答えている（十一月二十四日）。

しかしその四日後の二十九日、幕府から、諸国の米を江戸表に回漕せよという内容の触れが出されるのである。

## 町奉行に猛烈な抗議

天保四年（一八三三）十一月二十九日、町奉行所より次のような触れが出された。

この節江戸表では米が払底《ふってい》し、人々が難儀しているので、公儀においてもいろいろ対策をとっているが、次第に米価が上昇するため、武家においても囲米などをしているようにも聞いている。武家・寺社・町方とも一同助け合いの心得をもって、その家の飯米が間に合うようであればその余分の米はもちろん、不作にあっていない国は貯えて置かず、早々に江戸に回漕し、問屋や脇店の米屋たちへ売り払うように指示せよ。

（『御触書天保集成』下　六〇六五）

要するに、江戸が米不足であるため、諸国の米を江戸に回漕せよ、という指示である。

幕府は、のちにこれをさらに徹底させる策を取るが、それが大塩平八郎の乱を引き起こすきっかけとなったことはよく知られている。ここでは文言はまだやわらかだが、すでに江戸中心主義の姿勢が見られる。

この触れは、当然介川たちの買米にも影響をあたえずにはおかない。盛岡藩が二〇〇石の米を国許に回漕しようとしたところ、米方月行事《こめかたがちぎょうじ》(堂島米会所の役員の一つ)に差止められたという情報が入ってきた(十二月十五日)。介川はただちに吉文字屋久米蔵を呼び、ことの事情を確認させている。久米蔵が米方年行司《ねんぎょうじ》に問いただしたところ、

当所(大坂)甚以《はなはだもって》米不足ニ候得《そうらえ》ハ、御奉

図14 「堂島米あきないの図」(「浪花名所図会」)。
国立国会図書館デジタルコレクションより。

行所より他所出差略　仕《さりやくつかまつり》候様《よう》仰せ渡されこれ有《ある》ニ付、御積取の事仰せ聞けられ候ても相成難《あいなりがたき》の段申上候事ニ候。

と答えたという情報を伝えてきた。大坂が米不足だから、他所への積出しはできるだけ差し控えるように指示されているので、米の引き渡しを要求されても応じられないと答えた、というのである。

米方年行司は、堂島米会所の役員の最高位にある役で、市場の秩序の維持や売買取引事務の総括にあたるほか、町奉行からの触れの伝達や町奉行への届け出・訴えなどの責任を負っていた（『新編大坂市史』四）。

介川は、ただちにこの年行司の措置について、東町奉行に抗議文を送っている。長文なので、要点だけ示すと次のようである。①秋田は凶作で餓死者も夥しく出ている。②当方が所持している米切手を米に引換えようとしたところ、年行司に当地（大坂）の米不足を理由に断られ、当惑している。③年行事は、当地が米不足の状態だから米を渡せないとしている者に無理に出せとは言えない、ただし津留《つどめ》ということではないので、相対《あいたい》ならかまわないと言っているが、当方としてはまことに困惑している。④米切手を所持している者が、現物と引換えられないのはおかしいではないか。⑤今まで買入れたおよそ二万石については、来春早々国元へ回漕する予定である。⑥そうしないとさらに数万の餓死者が出ることになる。

## 「国の民」は「公儀」の民

東町奉行所に口上書を提出したさい、介川は次のように言葉を添えて、秋田藩の立場を主張している。

「万一（米の回漕が）遅れては実に数万人の命に関り容易ならざる事態となります。領民の撫育を図ることは改めて申し上げるまでもなく、御公儀に対してはたすべき領主第一の務めでございます。万に一つも行き届かないということにでもなれば、天災のこととは申しながら、右京大夫（秋田藩主）においては深く心を痛め、ただただ米の到着を待つしかありません。しかるに、万一米の到着が遅れ多くの人命に関るようなことになれば一大事であり、我々は当惑するしかありません」。

ここで介川は、彼が意識したかどうかにかかわらず、大変重要なことを述べている。注目されるのは傍線部分で、原文（読み下し）では次のように表現されている。

国民撫育の義ハ改て申上候迄もこれなき事ニ候へども、公義に対し奉り領主第一の勤ニ御座候。

これは、「国民」＝領民は、公儀からお預かりしているものだ、という認識の表明である。そしてその底流には、領民の安全を確保するという課題は、公儀＝幕府のそれと同等・同質であり、高低のつけがたいことだという認識がある。この理屈でいけば、幕府が江戸を大切にすることと、佐竹家が秋田領民を大切に思うことは同じであり、そこにはいささかの違いもないということになる。

もちろん、そのことを介川が意識して主張したということではない。秋田藩だけでなく、弘前藩も盛岡藩も、買米をして国許へ送るというのは、自藩を第一に考えた個別領主の論理である。そうでなければ、食を求めて隣領から押し寄せる流民を、藩境において追い返すなどということをするはずがない（実際、この頃秋田領内には夥しい流民《るみん》が盛岡藩領や弘前藩領から押し寄せ、藩はこれを押し返すのに苦心している）。その点では江戸を優先的に考える幕府も例外ではない。

しかし、ここで介川が展開しているのは、個別的な領主の自己主張ではなく、より高い位置にある公法的な領主の務めを、公儀（幕府）のあるべき姿と関連させて論じているわけである。

こうしたねばり強い介川の交渉が功を奏して、当初は二万石のうち三〇〇〇石の払米を許可するとしていた奉行所であったが、最終的には、残り一万七〇〇〇石のうち一万五〇〇〇石を四月までに払い下げるという決定をした。

なお、こうした幕府の政策は、もちろん大坂にとっても大迷惑である。江戸同様、巨大都市である大坂も飯米の確保は必要だった。こうした矛盾が、のちに大塩の乱を引き起こすことになる。

## 難交渉、家老の出番

年が明けて、天保五年（一八三四）二月二十二日、国許より家老小野岡大和《おのおかやまと》（義音《よしね》）が大坂屋敷に到着した。蔵元・館入《たちいり》に対するこのたびの調達銀の礼とさらなる出精《しゅっせい》を依頼する藩主の直書《じきしょ》を携えての登坂だった。

　翌日、おもな館入と支配人らが屋敷に招かれ、藩主の直書が披露された。小野岡は肩衣《かたぎぬ》を着し、館入たちは裃《かみしも》である。小野岡が床の間を背にして着座し、対面が始まった。

　まず、両蔵元（鴻池新十郎・塩屋惣十郎）と加島屋作兵衛である。三人揃って敷居の外に着座し、その後会釈をして敷居の内に進み出る。小野岡から時候の挨拶に続いて、このたびの出精の礼が述べられる。その後熨斗《のし》・煙草盆《たばこぼん》・菓子・茶が出され、しばらく会話があって退出となった。そのさい、小野岡は敷居のあたりまで送っている。

　その後、三家の支配人が揃って敷居外に着座し、勘定奉行の清水衛門《しみずえもん》がそれぞれ披露（紹介）する。それから敷居内に進んで、出精を賞する小野岡の挨拶を受け退出となる。見送りはない。その後、加島屋定八、近江屋休兵衛、辰巳屋猪之助（当主の久左衛門は、小野岡の到着直前に急死していた）、加島屋三郎兵衛、千種屋九十郎、およびその支配人と続き、第一のグループが終了している。

　続いて九つごろ（正午）に予定されていたグループの対面があった。鴻池庄兵衛、室谷仁兵衛（代理）、升屋源左衛門、吉文字屋久米蔵、その他四名が続いた。鴻池庄兵衛には、熨斗《のし》の手渡しなど、ほぼ三家主人同様の扱いがなされている。

二十九日、それぞれの館入たちに対する賞与の申渡しが行われている。財政難を言い募って借金をしておきながら賞与もないものだと思うが、必ず行われる儀式である。

注目されるのは、蔵元二名に対しては時服のみだが、加島屋作兵衛に高一〇〇石の加増、鴻池庄兵衛に対しては高一〇〇石が与えられたことである。加島屋の部分に「六ツ成」とあるから、形式としては知行高《ちぎょうだか》であることがわかる。また辰巳屋弥吉(久左衛門の後継者)に対しては高二〇〇石が与えられている。その口上で、

父久左衛門年来御用向（中略）出精抜群の義　御満悦思召《おぼしめさ》れ候。これに因《よ》り没後候へとも御賞としてこれ迄下し置かれ候御蔵米御引上、御加増高御目録の通下《とおりくだ》さる。

とあるように、藩が今回のことで、辰巳屋を高く評価したことがわかる。「これ迄下し置かれ候御蔵米…」とあるのは、従来の扶持米を引き上げ、あらためて禄高をあたえるということである。なお藩は、加島屋作兵衛と辰巳屋に対して蔵元就任を打診しているが、これは両者ともに体《てい》よく断られている。

なお、ここで登坂した家老小野岡大和は、江戸を追放された平田篤胤《ひらたあつたね》を秋田に招くさい

に力をつくした人物である。篤胤没後も平田家との親交はたえず、彼の一族の中には篤胤が創立した私塾である気吹舎《いぶきしゃ》の門人となった者もいる（天野真志『幕末の学問・思想と政治運動』）。介川の日記の天保十二年十月十七日の条には、その平田の国許帰還をめぐって、小野岡と介川のやりとりが記されている。興味のある方はぜひご覧いただきたい。儒学を学んだ介川の「保守性」があらわれていて面白い会話である。

## 大坂調達で飢餓状態を脱出

家老小野岡大和《おのおかやまと》の登坂は、調達銀出精に対する礼ばかりではなく、新たな依頼を携えての出張であった。これは、館入たちも当然予測しているところで、身代窮迫の危機に瀕していた鴻池新十郎など、小野岡着坂以前から、「大夫様《たいふ》（御家老様の意）がおいでになっても、これ以上のことはできない」とけん制していた。

案の定小野岡は、さらに銀七五〇〇貫目が必要という、国許の要求を提示した。藩主の直書《じきしょ》は、そのためのアイテムである。秋田藩に好意的であった加島屋も、さすがにこれには難色を示した。

加島屋弥十郎は、「作兵衛も昨年春と冬あわせて大金を御用立てしましたが、店の方もよく認めてくれたものと思います」と述べ、それなのにまたまた莫大な額のご依頼とあっては、館入一同さぞ驚くことだろう。その御趣旨を承れば恐れ入るしかないが、館入は他家の御用も務め、家の都合もある。一体作兵衛の身上をどれほどのものとお考えか。なかなかおっしゃるようにいくものではない。よくよくお考えいただきたい、と、これまでになく厳しい論評を加えている（天保五年三月四日）。そして、今回は他の館入たちにも総額などを示してはならない、できるだけの協力をあおぐという程度の物言いにしておいたほうがよい、と助言している。

介川は、弥十郎の指摘に納得しつつも、数十万の領民の命にかかわることや藩主の直書による依頼であることを強調した。弥十郎は、「当惑至極の様子落涙の体」であったという（三月十五日）。

今回最初に依頼に応えたのは鴻池庄兵衛で、請負った額は九五〇貫目、うち六五〇貫目は年内に、残り三〇〇貫目は「来年繰合次第」とされていた。「大和殿へ申上候処大ニ御感賞ニ候」とあるから、小野岡も庄兵衛の対応に感銘をうけた様子が窺える。

また、すでに一二〇〇貫目という巨額の調達を約束していた辰巳屋は、年が明けてから当主久左衛門が急死するという、でき事があったにもかかわらず、「ありがたい藩主様ご自身の直書をもって仰せ出された趣であり、また御家老様直々の御登坂でもありますから、まったくお断りしたままでなにもできないというのでは申し訳がたちません。」として、さらに五〇〇貫目の追加を承諾している。

表4は、天保四年の

表4　天保4～5年の調達銀

| 銀主(蔵元・館入) | (A)4年3月～4月 | (B)4年10月～5年5月 |
|---|---|---|
| 鴻池新十郎 | 600貫目 | 100貫目 |
| 塩屋孫右衛門 | 600貫目 | 850貫目 |
| 加島屋作兵衛 | 600貫目 | 900貫目 |
| 辰巳屋久左衛門 | 500貫目 | 1700貫目 |
| 鴻池庄兵衛 | 400貫目 | 650貫目 |
| 千草屋九十郎 | 400貫目 | 300貫目 |
| 室谷仁兵衛 | 400貫目 | 200貫目 |
| 近江屋休兵衛 | 50貫目 | |
| 加島屋三郎兵衛 | 40貫目 | 30貫目 |
| 古川嘉太夫 | 50貫目 | |
| 山下八郎兵衛 | 20貫目 | |
| 奥田仁左衛門 | 30貫目 | |
| 升屋源右衛門 | 25貫目 | 40貫目 |
| 難波屋太助 | 20貫目 | |
| 久々知屋吉兵衛 | 50貫目 | 60貫目 |
| 酢屋利兵衛 | 50貫目 | 20貫目 |
| 酢屋宗十郎 | | 30貫目 |
| 鍵屋五兵衛 | 50貫目 | |
| 百足屋太右衛門 | 30貫目 | |
| 播磨屋九郎兵衛 | 100貫目 | |
| 大坂屋卯八 | | 30貫目 |

(A)は、天保3年の凶作への対応策として実施されたもの。
(B)は、いわゆる「天保の飢饉」への対応策として追加されたもの。

三月から同五年五月までの調達銀を整理したものである。（A）は天保三年の不作対策としての調達であり、天保飢饉が始まる前のものである。（B）は飢饉が始まってからのものである。

一見して気づくことは、辰巳屋が突出していることである。先に一二〇〇貫目承諾と書いていたが、ここには一七〇〇貫目とある。これは、家老小野岡大和が登坂して以降、あらたに承諾した額が加わっている。辰巳屋がこれほどに秋田藩に肩入れしたことの理由として、天保二年（一八三一）から、藩が大坂に送る鉛を扱う蔵元の役を請負ったということがある。上段七名は懇意の館入であり、いずれも三桁をこえる。鴻池新十郎の請負額が低いのは、すでに述べたような理由がある。

総額にして、（B）の額は四九二〇貫目におよぶ。なお、この表は、介川の日記から随時「御請額」と記した部分を拾い出したもので、ここに表示できなかったものもあるかもしれない（日記には整理した一覧がない）。この額は、先に一〇万石の買米費用として算定した額にほぼ見合っている。日記には、小野岡登坂後の調達銀の額は三七三九貫目と記してあるから（天保五年五月十六日）、家老登坂の効果は大きかったと言えよう。

加島屋弥十郎は、加島屋作兵衛の請負額は九〇〇貫目であったが、春先の額と合わせると一五〇〇貫目であり、これはかつて広島藩の城郭修復のために調達した一〇〇〇貫目を超える額であるとしている。

もちろん、これらは一挙に藩に納入された額ではない。年をまたいで数度に分割されて納められるのが通常である。しかし、これで買米の道筋が立ったことは間違いない。

こうして獲得された調達銀は領内への米買入れに回された。当時平鹿・雄勝郡の郡奉行だった湊曽兵衛の「御用留書」（県公文書館）によると、天保五年五月の段階で、秋田表に陸揚げされた米の代金はおよそ一八万両であった。圧倒的に大坂買入分が多いが、この中には、介川らが交渉して買い入れた加賀米・肥後米・佐賀米などが含まれている。

介川らが天保四年から五年にかけて調達した銀高は八九二五貫目であった。これを一両六〇匁で換算すると一五万両弱となる。つまり、大坂での調達銀はほとんど米の買入れに投入されたことになる。こうして藩は、なんとか飢餓状態からの脱出の入口にたどりついたのである。

## 膨大な借財が残った

介川日記の天保五年（一八三四）五月七日の条に、「もはや御調達の義も大抵かた付候様のもの」という記載がある。ようやく飢餓対策の大仕事も一段落ついたのである。

二十七日には、国許の様子を伝える書簡も届いた。それによると、「米も次第に湊に着いている。越後からも入津とのこと。気候もいたってよく麦のできもいい。稲の苗の生育もよく田植も始っているが、食料が行き届かずまだ田植ができない所もある。（中略）行き倒れの者もあるようだが、それほど多くはない」という。

いまだ飢饉の影響がそこかしこに認められるものの、諸国から届いた米が陸揚げされ、気候も良く、最悪の状態を脱した様子がうかがえる。

大坂でも、一息ついた様子が介川の日記に散見される。五月十四日、これまで調達に努力してくれた館入たちを一堂に招いて、住吉屋において謝礼の酒宴が催されている。六月には加島屋の誘いで、川船で納涼会が行われ、家老の小野岡も参加している。七月九日には、両蔵元・加島屋三家の主催で、御家老様のお盃《さかずき》を頂戴したいとの趣旨で宴席が催されている。その間、加増のあった加島屋・辰巳屋・鴻池庄兵衛たちから、個人的な招きもあった。

小野岡も、家老とはいえ、上方商人との折衝などはじめての体験で、相当なストレスを抱えていたのだろう。六月以降、京都・奈良・赤穂《あこう》などへ、遊山《ゆさん》・見学と称して足を運び、解放感に浸っている様子がうかがわれる。

だが、喜んでばかりはいられない。天保飢饉時の調達銀によって藩の借金は莫大な額となった。天保六年の「日記」の記載によると「両都御借財」の総額は五〇万七三四五両にのぼり、この年一年だけの返済額として七万一三二九両を計上している（十一月十五日）。そのうち大坂での返済が六万三一〇〇余で、八八・五％にのぼる。

他藩の財政状況と比較してみよう。熊本藩（表高五四万石余）の、天保三年以降十か年平均の支出額は、一石＝一両として、四二万七〇〇〇両である（『新熊本市史』通史編第三巻）。また、仙台藩（同六二万石余）の天保五年における借財総額は、四五万三五〇〇両余である（宮城県図書館「大文字屋升屋移代留」）。

つまり、秋田藩の借財は、熊本藩の一年の支出、仙台藩の借財の累積を上回っているのである。天保飢饉後の秋田藩は、これらの借財を抱えながらの再出発となる。

## 大塩の乱の遠因にも

有名な大塩平八郎の乱が起こったのは、天保八年（一八三七）二月十九日のことである。この時介川は国許におり、大坂詰は清水衛門《しみずえもん》（勘定奉行）であった。その清水から、「大坂十九日騒立の事申来」という報せが届いた。三月十七日のことである。

これによると、大塩については、「当時剃髪《ていはつ》、五十歳位」「このもの文武ニ通《つう》じ門人も数多《あまた》これあり、当時隠居ニ候」とある。

「かねてより不満の思いがあったが、このたび諸国が凶作となり、大坂も米価が高騰して大変な状態である。よって豪富の者に命じて、その財産の過半を投げ出す気持ちで救済にあたるようにと、町奉行の跡部山城守殿《あとべやましろのかみ》へたびたび申し上げたがお取上げくださらない。よって山城守殿を討ち果たすべく計画を立てていたが露見したため蜂起するに至った」と、清水の書簡はその原因と目的を報告している。

清水の書簡によると、一党は、大塩の門弟や郷民の「雑兵」数百人からなり、「大将分のもの鎖かたひら腰巻・篭手《こて》・臑当《すねあて》・兜《かぶと》等ニて鉄炮九挺ニて出立」し、徒党のものども天満橋・難波橋を渡り今橋辺へ押出し、第一番ニ鴻池善右衛門・鴻池庄兵衛店を木砲を打込火燃上り、その外三ツ井ならびに米屋平右衛門・茨木や万太郎・天王寺や五郎兵衛・平野屋五兵衛等一時ニ火燃上り、大勢鑓《やり》・長刀《ちょうとう》・抜身《ぬきみ》・左馬口等を持乱暴（中略）市中以の外騒動、

とある。

襲撃にあった者のうちに、秋田藩と懇意であった鴻池庄兵衛の名も見える。清水衛門からの報せによると、「鴻池庄兵衛土蔵四戸前焼失、店蔵も焼失、諸帳面残らず焼失いたし候よし、人ニ怪我はこれなき趣也」ということであった。

大坂城代からは、大坂に蔵屋敷を持つ各大名家にも出馬要請があり、秋田藩も、清水衛門が二〇名程連れて大坂町奉行所に出向いている。

その後、徒党に加わった者たちは離散し、主だった者たちも討ち取られたり捕縛されたが、首謀者であった大塩とその実子はなかなか見つからず、全国に手配書が廻った。秋田領の肝煎《きもいり》の御用留などにも人相書きが書き留められている。たとえば、秋田郡七日市村《なのかいちむら》（現北秋田市）の肝煎の日記には、「年齢四拾五六歳」「顔細長色白き方」「眉毛細く薄き方」「眼

細くつり候方」「言舌さわやかにて尖《するど》き方」などとある（長岐文書「御用日記」天保八年。県公文書館蔵）。

「火事八十九日朝五ツ時より廿日夜九ツ時迄二て鎮火二相成」というから、十九日の御前八時ごろから翌日深夜の十二時ごろまで続いたことになる。蜂起自体は、八時間ほどで鎮圧。大塩の理想とは逆に、大坂市中を大被害に巻き込んでしまったことは悲劇としか言いようがない。

清水から介川に宛てた書簡にも、大塩についてわずかの記載しかなく、その思想的背景などには当然触れられていない。そしてそのような切り取られた言説が、当時の社会の中に流布《るふ》していく。大塩蜂起の直接のきっかけが、幕府の江戸優先の廻米政策にあったことは疑いようがなく、とすれば、介川や他大名の役人たちが進めた自領救済のための買米政策も、間接的に影響をあたえたということになる。

## 「暴走」する御相手番

飢饉の状況もようやく先が見えてきた天保五年六月、国許で奇妙な動きがあった。御相《おあい》手番《てばん》の岡本刑部《おかもとぎょうぶ》が、藩主の命を受け、越後《えちご》に二万俵の米を買いに出かけることになったというのである。

御相手番とは、本来藩主のお相手を務めるという役職で、廻座《まわりざ》（秋田藩の家格で門閥）格が務め、ここから家老に昇進するという重職であったが、実際には閑職で、家老に昇進できず憤懣を抱える者もいたようである。

奇妙というのは、岡本ら御相手番が語らって、秘密裏に藩主に連名の上申書《じょうしんしょ》を提出したのだが、その内容の披露を、当時御側用人《おそばようにん》であった中安主典《なかやすさかん》が藩主に求めても「拝見ハ仰せつけられがたく」と拒否され、誰もその詳細はわからないというのである。

この件は、六月二十六日に大坂に連絡が届いた。大坂にはまだ家老の小野岡大和がいた。小野岡に届いた同職からの報告によると、越後の能生《のお》（現新潟県糸魚川市《いといがわ》）というところに岡本の縁戚の者がおり、米二万俵を売ってくれるというので、飯米《はんまい》の足しにしたいと上申したらしいという。問題は、それを家老や勘定方にいっさい相談なく、直接藩主に上申し、藩主義厚《よしひろ》も家老に相談することもなく決定してしまったところにあった。

これを聞いた介川は、「買米ということであれば、どのような計画か、具体的にわれわれ（勘定方）も知っておく必要があるが、その書付も見せられないというのは承服できない。これは何度でも御家老がたから藩主に申し上げていただくしかない」と言っている。

その後七月に入って、中安からさらに詳しい報告が介川のところに届いた。それによると、上申書を上げたのは、岡本を含めて六人（三名は不参加）。岡本が越後に赴き、岡本五右衛門という者から米二万俵を買う。その後、調達のために京・大坂にも登る計画であるという。しかも、評定方など、行政全般を協議する役職の者たちはまったく何も知らされず蚊帳《かや》の外であるという。

介川は、万一岡本が大坂にやってくるなどということになれば、これまで協力してくれた館入《たちいり》たちに誤解されぬよう対策が必要で、しかも調達など簡単にできるものではないと、世間知らずの重職に憤りをかくしていない。また、

そのうえ、年寄（家老）中にも一向その御趣意御心得これなく、おい〳〵御伺いの上はじめて二万俵ならびに御調達のわけ等仰せ知らされ候事と相見え、御政体において相すまざる事ニ候。

と強く批判している。事後になって家老から問いただされ説明するなど、藩政においてあっ

てはならないことだと言っている。介川に手紙を送ってきた中安など、「いっこうにあい分かり申さず、発狂にてもいたし候やと存じ候ほどに御座候」と手厳しい（七月六日）。もちろん、まちがっても藩主に対して「発狂」などと表現するはずはないから、これは岡本刑部ら御相手番一同に対する批評であろう。

大坂に登って介川とともに館入らに頭を下げ、調達の実現に苦労した家老の小野岡も、「どういう事情なのか家老たちに説明してくれないのでは、ただちには了解できないことだ」（七月七日）と不信感をかくしていない。

介川にいたっては、「近来とかく御英断と申候て、思召をもってお極め仰せ出され候事まゝこれあり」と、近年は藩主の判断のみで政策が決定されることが多くなったと、藩政のあり方を暗に批判している。これは、義厚《よしひろ》時代の政治の在り方を暗に示していて興味深い。

## 迷走する計画

九月十四日、大坂の蔵屋敷に、岡本刑部の家来で大山為八と名乗る者が訪ねてきた。介川は為八に会い、その後の岡本らの動静を訪ねている。

それによると、岡本は七月に入って越後に向けて秋田を発った。当初は能生宿《のおじゅく》に縁戚の岡本五右衛門を訪ねる心づもりであったが、途中壺田佐平治という者と会い、五〇〇〇両の調達に成功した（真偽は不明）。その壺田が佐竹様へお願いの儀があるというので、予定を変更してともにそのまま秋田へ引き返したという。

ところがそれ以前に岡本は、酒田商人の田中三郎右衛門という者を頼み、ともに京都へ銀調達のために登る予定をたてていたという。三郎右衛門は一足先に京都へ発ったが、その後岡本は急に予定を変更し、壺田と秋田に引き返したのである。

大山為八の話によると、ひと足先に上京した田中三郎右衛門は、智積院《ちしゃくいん》（京都の大寺院の一つ）の御用金を扱っている者に頼みこみ、三万両の調達金の確約まで得た。ところが、先に述べたように岡本は壺田と秋田へ引き返してしまった。智積院のほうは、岡本の上京を待っているのに、これではせっかくまとまりかけた話が破談になってしまう。岡本が上京するという話も虚言として受けとめられかねない。なんとかならないか、というのが大山為八の話であった。

これに対して介川は、「岡本殿の御用筋は、当方とはかかわりのないことであると国元から連絡を受けている。田中某も同道しているという話であるが、国許の誰も会っていない者と、当方が勝手に面会して話を聞くわけにはいかない」としながらも、一応は勘定吟味役にも相談してみるとよいと助言している。そのうえで、越後米の成果を訪ねると、「三四千俵ぐらいか、はっきりわからない」という答であった。

介川は、智積院の調達金についても「とてもでき申さざる事」とし、「惣《そう》て金銀の調達などなかなか以《もっ》て容易の筋にこれなきものに候」と、後に吟味役たちと話している。館入たちとの交渉経験を積んだ介川ならではの感想である。

じつは、以上の件は、計画に参加した御相手番の一人、渋江堅治（和光）の日記に出てくる。彼らが藩主に目見えして上申したのは、天保五年五月二十五日であった（「渋江和光日記」。県公文書館）。その日の冒頭に、「今日同役同志の者六人申合、御直々申上候事これ有るニ付朝より精進落申候」と出てくる。当時御相手番は九人いたが、三人はこの計画に賛同しなかった。渋江和光は正午に登城したが、先に来ていた岡本刑部らに「遅い」と気合をかけられている。仲間の一人梅津外記《うめづげき》は病気で登城できなかった。

政務所に顔を出し、御用番の家老須田内記に「御前へお話したいことがある」とだけ言い置いて溜《たまり》の間に入った。そこで膳番《ぜんばん》を呼び出し、藩主にお目にかかりたい旨を伝え、陰の間で拝謁した。その時の上申書が渋江和光の日記に全文載っている。かなりの長文なので引用はひかえるが、このようなこと（飢饉）になったのは、「全《すべて》御役人共《おやくにんども》の仕向《しむけ》に相寄《あいより》候事」で、他国より米の回漕が遅れているのも「御役人小利に拘《かかわり》、人気《じんき》顧《かえりみ》ざるいたし方」によるものだと断罪している。そして、「別て此節柄《このせつがら》言路《げんろ》を御《お》開《ひらき》、誰也とも申上奉り候事御決断の上御取捨遊ばされ」ることを主張している。ここで「御役人」といっているのは、実際に政策の執行や事務処理にかかわる下級官僚たち、具体的に言えば、評定奉行・勘定奉行・郡《こおり》奉行、あるいはその下役たちである。要は、今日の惨状を招いたのはすべて役人たちの責任だから、今後は誰と言わず意見をお聞きなさり、その良し悪しをご自身で判断してほしい」ということである。

　岡本刑部による越後方面での米買入れの件は、この上申書にはない。岡本出張の件は、翌二十六日に上申されたようである。二十七日の条に、「昨日刑部殿申上られ候米金調達、越後同氏岡本五右衛門、その外伊勢・京都等にて相弁候趣これ有、刑部殿直出張の事申上候」とある。当初より上方方面に金策に向かう腹づもりだったことがわかる。なお、二十五日、帰りに病気のため拝謁できなかった梅津外記の家によってことの次第を伝えると、「大ニ喜悦致され候」とその様子を書いている。彼らなりの決意のほどがうかがわれる。

以上の一件は、飢饉の問題もさることながら、門閥上級家臣と下級官僚との微妙な関係を示していて興味深い。もともと御相手番は、重職といっても、家老のように政策決定にはあずかれない閑職であった。そして、実際に政策を立案し、執行に向けて働くのは下級武士を中心とした表方《おもてかた》の役人たちであった。

門閥である自分たちは指をくわえてみているほかはなく、軽輩の役人らは我が物顔で政治に口出ししている、という憤懣が彼らにはあった。それが、人払いしてまで秘密裏に藩主に取り入ろうとしたスタンドプレーにつながったのである。

図15 「養蚕秘録」。国立国会図書館デジタルコレクションより。

## 秋田ブランドで売る

藩の「起業」に投資した館入の一人に、京都の館入《たちいり》大坂屋《おおさかや》宇八《うはち》がいる。大坂屋が取引の対象としたのは、藩の絹方が生産した菅糸《すがいと》（より合わせる前の半製品）であった。日記の文政十年（一八二七）一月四日の記事によると、国元の同役金易右衛門《こんやすえもん》から、糸の売捌きを取り扱っている大坂屋宇右衛門《うえもん》の取り計らいに「不埒《ふらち》」なことがあったので、同人との取引は破談にし、以来はほかへも広く販売することにするという内容の書簡が届いた。逆に言えば、それまでは大坂屋に独占的に買取りをさせて販売を委託していたということである。

その「不埒」の内容とは、さらにさかのぼってみると、文政九年五月十八日の条に、

> 大坂や宇兵衛近年五千両ばかりツヽ下し候ところ、今年八三千両少々余ニて御免下されたく申出、昨年糸為登高《のぼせたか》不足かつこのたび宇右衛門より宇兵衛引受の事ニ相成候て取調中のためとの事。

とあるのがそれにあたるようである。これによると、それまで秋田藩に毎年五千両ずつ前金を渡してきたが、それに対して秋田から大坂に送られてくる糸が不足し、さらに代替わりを機に三千両に減らしたことがわかる。

これに対して藩は大坂屋の取引を「破談」としたのであったが、大坂屋は宇兵衛に替えて宇八をただちに大坂屋敷に派遣して、介川に国許との取りなしを依頼している。

そのさい介川は、「一手買」（買取りの独占）を認めれば何万両でも前金を出してくれるか、と尋ねているが、これに対して大坂屋宇八は、先の長いことなので何ともお答えできないが、糸を大坂にお登ぼせになった上のことであれば何万両でもお出しすると答えている。

結局、①大坂屋は前金として毎年四千両を藩にお渡しする。②大坂への登せ糸の量が金額より少ない場合は、残銀は翌年の前金の一部としてそのまま藩が預かるが、それが千両にも達したらいったん大坂屋へ返金する、という内容で折り合いがついている（文政十年五月二十三日）。

絹方は、文化十二年（一八一五）から、藩の御用聞町人《ごようききちょうにん》那波《なば》三郎右衛門が支配人となり、角館《かくのだて》の絹織とともに、全領規模で、質の良い菅糸生産が可能となるよう、先進地から巧者《こうしゃ》を招いて指導にあたっていた。しかし、その品質向上は思うようにいかなかったようで、絹織物については、上方での取扱い商人が、百足屋《むかでや》新六・平野屋庄兵衛・山下平兵衛と何度も交代している。しかし、その後大坂屋は菅糸だけでなく絹織販売にも協力したようで、「日記」の天保九（一八三八）年二月二二日の記事には、

大坂御館入大坂屋卯八《（マヽ）》、大坂西横堀の辺へ出店さし出、第一秋田きぬ売弘《うりひろめ》申したく、よって秋田産きぬ類売弘所と申すを暖簾《のれん》へ記し申したく願候よし。

とある。宇八（卯八）が大坂の出店に「秋田産きぬ類売弘所」の暖簾を出して営業したいと許可を求めてきたというのである。秋田の絹方支配人であった那波家が作成した、天保十三年の「絹払帳」という帳簿には、「京都烏丸通三条下ル　大坂屋宇八殿」という項目があって、「当時大坂へ出店、上野屋と申候由」とある（那波家文書「絹払帳」、秋田市立中央図書館明徳館。図17）。その那波三郎右衛門は、文政三年、大坂屋（当時宇兵衛）にあてて、次のように言い送っている。

いつの世にても上国と唱候はその国の民百姓富ミ栄イ福有成《あるなる》ヲ申候。この富ルへ《べ》き第一は国産ニ預り候。その産を怠りなく情分《じょうぶん》尽させ、その品他方へ交易の触《ふれ》捌《さばき》候道筋を御取開《おとりひらき》遣わされ候迄ヲその国の賢慮の役人ども申候得ハ《ば》、今度の養蚕菅糸一件専ラ右ニ相当《あいあたり》御取始の砌《みぎり》ニ候。

いつの時代であってもすぐれた国というのは、民百姓が裕福でなければならない。その富の根本は国産にある、と言っている。そしてその国産品を他の地域（藩外）へ売捌く道筋をつけられるよう、御役人様方の取り計らいがなされ、養蚕・菅糸の開発がその第一歩だという。

介川日記の天保十一年五月五日の記事には、「菅糸取り養蚕も、一万両ほどの生産高がみこめるようになった」とあり、織絹についても、「昨年などは絹方でまとめた分が

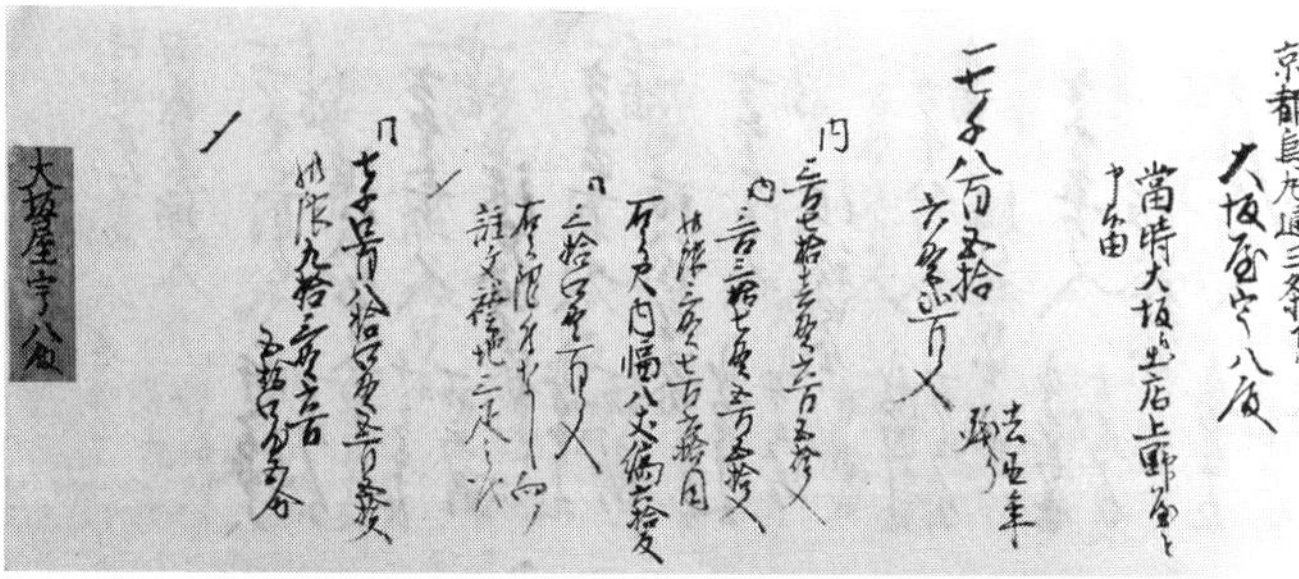


図16　那波家文書「絹払帳」（天保13年）。秋田市立中央図書館明徳館所蔵。大坂屋の出店の記事がみえる。

一万二三千両になり、その内領内で絹織に用いる分を除いても、大坂へ差し上せる分もよほどあるとのこと。六郡全体でさらに生産が進めば莫大の御国益となるだろう」とある。しかし、そのためにはどうしても上方商人の協力を必要としたのである。

## 養蚕振興へ出仕募る

秋田藩にもっとも好意的であった加島屋作兵衛家は、秋田藩が推進した殖産策の一つである種紙《たねがみ》生産を中心とする養蚕業にも経済的援助を惜しまなかった。

養蚕とは、桑を栽培して蚕を育てることだが、その目的は、菅糸を取る糸取養蚕と種紙養蚕に大別される。関喜内《せききない》と金易右衛門《こんやすえもん》が進めたのは後者である。種紙とはカイコガに卵を産み付けさせた台紙で、養蚕には欠かせない原料として流通した。雄勝郡川連村《おがちぐんかわつら》の肝煎《きもいり》関喜内が藩に献策し、勘定奉行の金易右衛門と連携して推し進めた。

喜内の献策が藩に取上げられ、政策として実現したのは文政九年（一八二六）で、同十三年には領内各地一七か所に養蚕座が設置され、同十二年には二万枚を超える種紙が生産された。しかも同時に、関東・北陸や丹波《たんば》・丹後《たんご》などの西国にまで販売ルートの探索のために役人を派遣しているから、領外移出による国益実現をめざしたものであった。

しかし藩は、天保二年（一八三一）に至って突然この養蚕策から手を引く。理由は、多額の借財と、販売ルートの見通しの立たないことにあった。それでもこの殖産策に国益の端緒を見出そうとした金《こん》は、藩の直営から商業資本による請負仕法《うけおいしほう》に転じることで、政策自体を維持しようとした。その時助け船を出したのが加島屋作兵衛家だった。

請負仕法とは、一口いくらという形で商業資本に出資させ、利益が生じた場合にその口数に応じて還元しようというものである。ただし、将来十年間にわたって、事業の利権を出資と引替に譲渡するという条件がつけられ

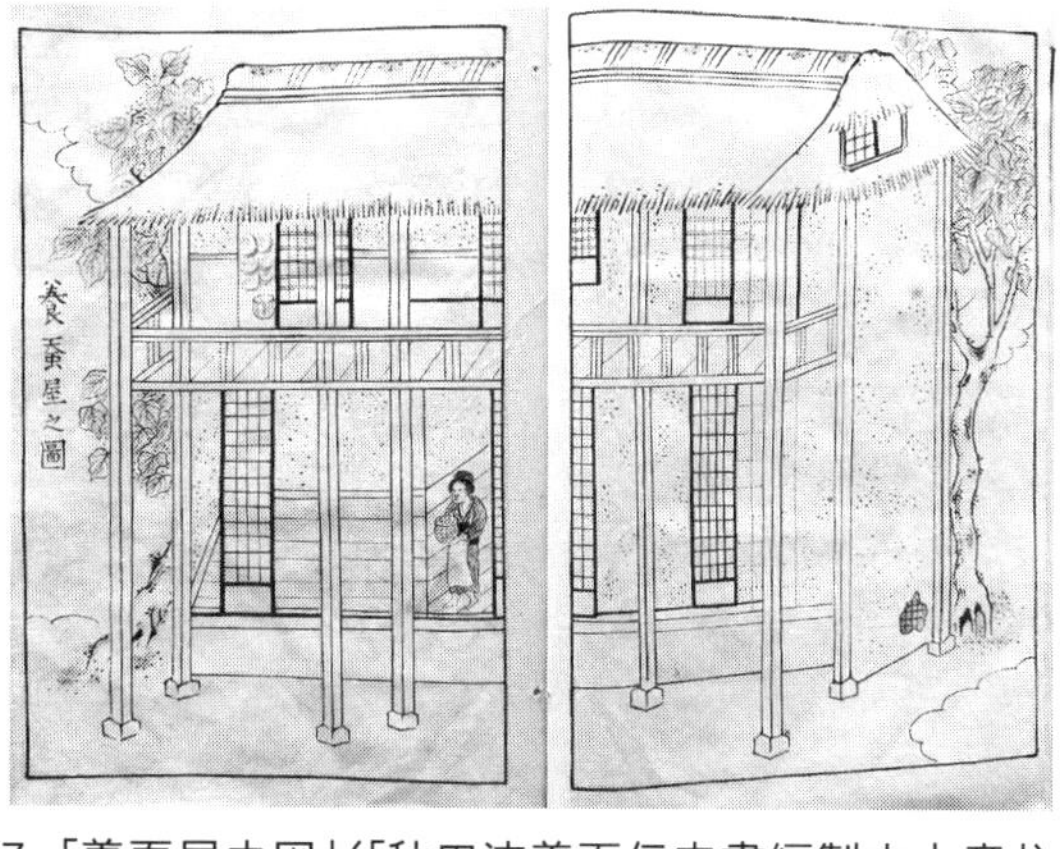


図17　「養蚕屋之図」（「秋田流養蚕伝来書編製之大意」）。秋田県立博物館所蔵。この建物の中で蚕の育成が行われた。同書は、3代目関喜内が、秋田の養蚕技法の特徴をまとめたもの。

ていた。この時の規定では一口二〇〇両とするもので、加島屋は一〇口分の参加を承諾した。

しかし、すでに加島屋は、これまでも金が主導する養蚕方に、多額の出資をしていたようだ。「日記」の文政十二年十月二十六日の条には、

養蚕かた金易右衛門より大坂へ申達候。三ヶ年中ニ七千両出金の事、かじまや定八承知ニ相成候よし。来春より段々さし出、六ヶ年目ニは出金の分残りなく相渡候。

という記事がみえる。「かじまや定八」はこれまで何度か登場したが、加島屋作兵衛家の支配人で、当時は支店を任されていた。したがって、この出資は、定八個人負担のほかに、加島屋作兵衛家として合意のうえで出したものと考えられる。

関家文書のなかに、「加嶋屋定八寅年御開発卯年より未年迄五ヶ年御入料出物取調中勘帳」とタイトルのつけられた簿冊がある。天保二年から同六年まで、加島屋定八が、桑畑開発に出仕し、その金銭がどのように用いられたかをまとめてある。このタイトルそのものが、藩の養蚕開発と加島屋の関係を密接に物語っている。

## 養蚕への投資は続く

天保八年（一八三七）、藩は、養蚕経営（種紙開発）の権限を大幅に加島屋に移譲する契約をあらためて結んでいる。それは、①養蚕方の経営する桑畑の経営を加島屋に一任する、②上方・関東筋での蚕種紙の販売を一任する、③養蚕屋二か所の道具と桑畑で用いる道具すべてを移譲する、などの条項を規定していた（「伊頭園茶話」、県公文書館）。

すでにみたように、加島屋からは天保飢饉時においても多額の調達銀を融通してもらっていたから、これまでの養蚕事業の資産を抵当として移譲することで、加島屋の信任を得ようとしたのだろう。

東京立川市にある国文学研究資料館が所蔵する「長田《おさだ》家文書」のなかに、「秋田養蚕方寅年より仕法書付弐通」と題された、二枚綴りの史料がある。そして、題目の下に「か弥方、小七持参」という注記がある。「か弥」は支配人で当時は支店を任されていた加島屋弥十郎であり、「小七」は手代である。つまり、この文書は、加島屋弥十郎から本家に提出されたものであると考えられる。

さて、その一枚目は、請負仕法が終了する天保十三年（寅年）以降における提供資金の元金残高の回収計画をまとめたもので、同年の残高が五一三五両余となっている。これをこの年から五年かけて回収し、一七四六両の利息を得るものと計算している。終了は弘化三年(一八四六)である。

二枚目は、次のようである。

覚

一 銀三拾貫目 寅年納

一 同四拾貫目 卯年納

一 同五拾貫目 辰年納

一 同六拾貫目 巳年納

一 同七拾貫目 午年納

〆弐百五拾貫目

右は来ル未年より順々御返済之事、但し利足月六朱之定。

「来ル未年」とは、弘化四年である。最後の一文は、「右の銀高は弘化四年から段々に返済する。ただし利息は月六朱と定める」という意味である。とすると、その前にある「寅年」から「午年」の銀高は、それぞれの年に加島屋が秋田藩に出仕するものということになる。その開始にあたる「寅年」は天保十三年で、請負仕法終了の年であり、さらにそれまでの出資の残高の返済開始の年である。

つまり、以上を整理すると次のようになる。天保十三年から弘化三年（一八四六）までに銀二五〇貫目を、月〇・六％の利息で貸し出し、その返済は一枚目の返済計画が終了したその翌年、すなわち弘化四年（未年）から開始することを記した史料ということである。なお、省略した部分には、たとえば「寅年」の貸出しについては、「銀三拾貫目　内拾八貫目御本家分　拾弐貫目弥十郎分」とあって、加島屋本家も負担していることがわかる。

ここで留意したいのは、一枚目にある貸付金の回収が終了した時点から貸し付けるのではなく、一枚目にある回収計画が実施されるのと並行して新たな資金提供を行っていることである（史料の最初が寅年となっている点に注目）。

以上のことから指摘できることは、請負仕法《うけおいしほう》が終了した天保十三年段階で、加島屋からの投資残高はおよそ五一三五両であり、その後も二五〇貫目（約四〇〇〇両余）の資金提供を行ったということである。加島屋の経営の視点からすれば、投資に値する事業と判断されたのである。

介川の日記、天保十一年五月五日の条には、「昨年なども種紙薄種二千三百枚ほど取れ、うち半分ほどは丹後や丹波あたりへ売捌いた。薄種《うすだね》二十枚で九両位になる。（中略）藩の運営では御損分ばかりでとても続かないが、小七が取り扱うようになってからなんとか続けていけるようになった」とある。

ここに出てくる小七とは、先の史料にもみえた、加島屋弥十郎の手代であり、しばしば秋田に下って養蚕方を監督した。藩の直営では損を出すばかりだが、小七が世話をするようになってからは、取続き方も安心だ、と言っている。

『秋田県史』などは、養蚕業をめぐる殖産は天保初年に挫折したとしているが、また筆者もそのような論旨の文章を書いたことがあるが、見直しが必要である。

## 金易右衛門の深謀

先に、種紙の殖産は、勘定奉行だった金易右衛門《こんやすえもん》と雄勝郡川連村関喜内《せききない》との連携で生まれたと述べた。たしかにそうなのだが、金の頭のなかにはその事業のパトロンとして、加島屋の名がすでにあったようだ。介川の日記から離れるが、文政十二年（一八二九）に、大坂に詰めていた山崎甚五兵衛から金に宛てて出された手紙の中に興味深い記述がある。これは新出の史料である。この書簡の端裏には、金の自筆で「大坂詰山崎甚五兵衛より加嶋屋一条出銀一条外ニ数条」と書かれている。書簡の二条目に、「桑方御開発方の儀ニつき委曲《いきょく》（くわしく）仰せ下され候条々具《つぶさ》承知仕《つかまつり》候」として次のような一文がある。

何卒《なにとぞ》御《ご》成就《じょうじゅ》の事ニ成置度《なしおかれたく》、何分定八へ重々御頼成置《おたのみなしお》かるべき事に相成、仰せ達せられの御趣意を以《もって》八兵衛より一応申談じさせ候上《うえ》、表方御頼《おたのみ》の事ニ成置《なしお》かるべく（後略）

「定八」はこれまで何度も出てきた加島屋定八、「八兵衛」とは、秋田藩の大坂蔵屋敷と他の館入との交渉を務めた商人、広島屋八兵衛である。要するに、養蚕に必要な桑畑開発の資金提供者として加島屋定八を想定し、八兵衛から内々にあたらせ、その後正式に定八に資金提供の依頼をする計画を立てているのである。文政十二年の手紙だから、請負仕法に転ずる前である。

しかもこの手紙にはさらに続きがあって、

万一当人ばかり事ニ出来兼《できかね》、加入《くわえいれ》の人も候ハヽ同様ニ仕度《つかまつりたき》様《よう》ニも申出候へハ、鴻庄へ向申度（中略）二の目の備ニいたし置き申候（中略）、辰印ハ未た名染《なじみ》もうすぐ少し思やみの気味も御座候て（中略）是は三の目と備置き申候。

と述べている。つまり、もし加島屋定八が自分だけではできかねると言ったら「鴻庄」すなわち鴻池庄兵衛にも頼むことを第二の備えとし、さらに館入になって間もないのでやや気重《きおも》だが、「辰印」すなわち辰巳屋久左衛門を第三の備えとして考えておくというのである。この両名は、これまでみてきたようにいずれも秋田藩に対しては常に好意的な働きをしてくれた商人たちであり、財力も相応の者たちであった。

同じ年、やはり広島屋八兵衛から金に書簡が届いている。そのなかで八兵衛は次のように述べていた。

小子より辰巳屋丈助へ内談仕候ところ、同人も一応は断《ことわり》ニ候えども押て日々示談ニ及申候処、何分小子より御国益の事ニ申出候儘、御為筋ニも相成候義ニ付、丈助名前ニて定八ニ千五百石之内加入も申すべく、以内々小子迄此節ニ申出候。

右に出てくる「丈助」とは、辰巳屋の支配人である。八兵衛が内々にあたってみたところ、いったんは断ったが結果的に桑畑二五〇〇石の開発の出資に加わると返事をしてきたことがわかる。しかし、すでにこの段階では「定八手は最早相済候事ニ候へハ相見合申すべく候」とあって、加島屋定八が内諾していたこともわかる。

ここで、関喜内の献言と金の関係を時系列で整理してみる。喜内が養蚕の取り立てを藩に具申したのが文政三年（一八二〇）。その献策書の冒頭には、「金易右衛門様御加筆下され候分、外ニ清書有り」という一文があり、金との強い関係がうかがわれる。ところがこの年、金易右衛門は大坂詰となる。勘定奉行であったから、介川と同じ役割で大坂へ赴いたのである。そして、文政七年に秋田に帰着。翌八年、金の下屋敷で実験的な養蚕を行い、この年に御野場《おのば》に桑畑を開発することが認可された。

金は、介川同様大坂詰の経験があり、文化九年（一八一二）に鴻池と塩屋の蔵元就任の内諾を得たことに示されるように、大坂での商人との交渉も活発であったと推測される。

以上のことを前提として、先の山崎甚五兵衛と広島屋八兵衛の書簡を読めば、金の在坂期間にすでに根回しがあったことは容易に推測できる。つまり、金が関喜内の案をいれて種紙の殖産計画を立ちあげた段階で、すでに金はその出資先を思い描いていたということである。また、加島屋の支配人であった加島屋定八はそれを内諾していたということである。天保二年の請負仕法への切り替えは、こうした背景を置いてみると理解しやすいだろう。

## 藩の不実　なじられる

もちろんすべての館入が加島屋のように好意的だったわけではない。経営基盤の問題もあろうが、約束不履行という事態に直面すれば、藩に対して批判を辞さない者もいた。たとえば鍵屋《かぎや》五兵衛の支配人、茂助である。鍵屋は大津《おおつ》の館入であった。天保五年（一八三四）二月、大坂の調達銀対策を一通り終えた介川は京へ登った。五日の日、二〇貫目の調達銀一〇貫目の献納を承諾してくれた鍵屋五兵衛と茂助を茶屋に招いた。調達銀の献納を承諾してくれたことへの礼を申し述べるためであった。酒宴が始まってしばらくすると、藩の養蚕方から約束している糸が送られてこないと、茂助が文句を言いだした。「御国の方からは昨年分の菅糸を準備していると連絡を受けているが、いくら待っていても届きません。これはどういうことでしょうか」というのである。

介川が、昨年国許は凶作でたいへんであったから、いろいろ取り込んでいて遅れているのだろうと答えると、「お取込みの事はそうだとは思いますが、ならばなぜ遅れているのか、あるいは今は送ることができないとか、一応の説明があってしかるべきではないですか。しかも、聞くところによると、すでに御国の糸を受け取っている者もあると聞きます。これではお騙《だま》しになられているのと同じではありませんか」と、酒の力もあってか、強硬な態度を変えない。あまつさえ、次のように藩を批判したのである。

弐拾万石の御大名右様《みぎよう》の義これ有まじき事、私ごとき吹ハ《ば》飛候様の町人にてもか様体《ようてい》の事は仕《つかまつら》ず、あまりに御不実の義に候。（中略）私直々罷下《まかりくだり》、白髪あたまをふり候て御迷惑に相成候てもどこ迄も申立《もうしたて》申さず候へば相ならず候。

二〇万石の大名にあるまじき対応だと非難し、もしお答え下さらないのであれば、この白髪頭を振って国許まで乗り込んでいくというのだからすごい。

介川は、酔ったうえでのこととはいえ、あまりに無礼な物言いと憤りを感じたが、酒を勧めることで場をまぎらわせたと書いている。

じつは、この部分は殖産関係でも重要な部分で、鍵屋は八千両ほど藩に前金を支払っていると他のところで書いている。しかし、当時養蚕方が進めていたのは、種紙《たねがみ》生産であり、糸取養蚕ではなかった。菅糸《すがいと》は那波三郎右衛門が支配する絹方の管轄で、そのほとんどが京都大坂屋宇兵衛（この段階では宇八）に一括して納入されていた。したがって、鍵屋茂吉の批判は、当たらずとも遠からずで、その不実を指摘されてもしかたがなかったと言えよう。

なお、秋田市立中央図書館明徳館に所蔵されている「那波家文書」のなかに、「大津鍵屋五兵衛殿江《へ》為御登菅糸之《の》覚」という史料が確認できるので、このころ鍵屋が秋田藩の生糸を購入していたことはまちがいない。

## コンサルタント　久々知屋吉兵衛

藩の経済政策に関わった人物といえば、久々知屋《くくちや》吉兵衛もそのひとりである。久々知屋は堂島に居を構える商人だったが、後述するように米を専門とする商いではなかったようである。秋田藩の館入としての地位も、文久三年（一八六三）段階で、久々知屋（この時は市太郎）の給米は五人扶持・御合力銀一〇枚である。調達銀などの協力も、額面だけ見れば加島屋や辰巳屋とくらべるべくもない。

久々知屋の名前は、「日記」ではすでに文政十一年（一八二八）段階で見えるが、介川とはほとんど交流らしい記事はない。久々知屋の名前がクローズアップされてくるのは、天保三年六月十二日の記事である。当時江戸にいた介川のもとに届いた、大坂詰の富田治兵衛からの書簡に次のように出てくる。

久々知屋吉兵衛近来広島屋八兵衛退《しりぞ》き候より自然出会《であい》等へハ毎々出候様ニ相成ニ付、雑賀屋《さいかや》七之助・庄三郎も出、吉兵衛も出候事如何《いかが》と御取受も候ハヽ、此節いたしかたこれ有べくニ付内々問合申来、（下略）

とある。それまでさまざまな介添え役を勤めてきた広島屋八兵衛にかわって会合に出席するようになったが、それが他の商人からどう思われるか懸念されていた様子がわかる。これについて介川は、吉兵衛事ハ先達《せんだって》仕法の節加ひ如何《いかが》と室谷仁兵衛へ問合《といあわせ》候事も候ところ、人気《じんき》しかるべからずと申候事もこれ有（中略）ほどよく工夫なされ候様ニいたしたきの段具《つぶ》さ申達、

と述べている。同じ堂島商人の室谷の評価もかんばしくなかったことから、介川も警戒していたことが読み取れる。だが、久々知屋と藩の関係は、時期が下るほど強くなっていく。久々知屋は、天保十一年（一八四〇）に金札発行の件で秋田を訪れ、金札と預札《あずかりふだ》（銭札）の発行を請負っている。

当時雄勝郡の郡奉行であった湊曽兵衛《みなとそうべえ》の「御用留書」同年三月の記述には、

御館入とも申会の上右惣名代ニ大坂表より久々知屋吉兵衛を申下シ、此度金札差出候、右を以預り買入候事もこれ有べく、或は米何ニ寄らず求メ申すべく、（下略）

とある。文中の「預り」とは預札すなわち銭札のことで、当時藩内では劣悪な預札が大量に出回り、物価が高騰していた。右の一文はそれへの対策として金札発行によって銭札を整理するつもりのようだとしているが、実際には「上においては右金札へ御頓着は成され

ざる訳に御座候」とあって、湊も久々知屋について詳しいことを知らされていないようである。このほか、久々知屋は、他の産業にもかかわっている。

たとえばハタハタの干鰕《ほしか》である。天保十年のハタハタ干鰕の生産四五万貫目のうち、二万貫目は久々知屋に渡すことになっていた（渡部斧松《わたなべおのまつ》文書。県公文書館）。ちなみに酢屋には一五万貫目を渡すとある。酢屋は、借財仕法の延長にさいして藩を批判したため介川に叱責された酢屋利兵衛である。酢屋はこのとき二〇〇〇両を藩に前貸ししてハタハタ干鰕に出仕していた。したがって、久々知屋も、酢屋に比して額は少ないがハタハタ干鰕を買い取ったというより、先行投資していた可能性が高い。

当時秋田郡の郡奉行であった小貫《おぬき》東兵衛は、渡部斧松への書簡のなかで、干鰕について久々知屋が、「どふのこふと手前勝

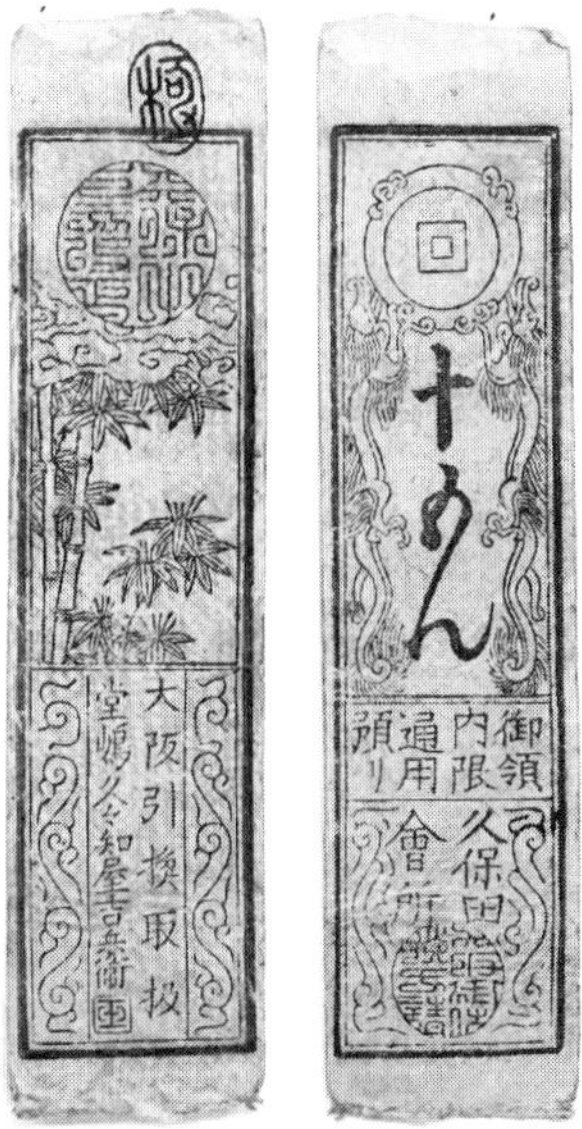


図18　銭札（吉成文庫）。秋田県公文書館所蔵。裏面に「大坂引換取扱堂島久々知屋吉兵衛」とある。11cm×2.7cm。

手の客説（言カ）いたし候へば尤《もっとも》とり受候役人もこれ有」と不快感を示している（同前）。金札や銭札の発行について藩から招へいされるほどだから、いろいろと口を出したのだろう。

## 絹方の事業にも関心をよせる

久々知屋についてもう少しわかったことを述べよう。藩の絹方支配人を務めていた那波家の史料に彼の名前が出てくる。天保七年（一八三六）の「絹払帳」という史料に、次のような記載がある。

覚

元金五百両

此《この》利金五拾六両

但未正月より申正月迄八朱の利足

〆五百五拾六両也

右の通絹方出金元利 慥《たしかに》 受取申候、已上《いじょう》

申正月十九日　　久々知屋吉兵衛

山崎甚五兵衛様

右書付の通の受留、当正月大坂御屋鋪御《おやしきお》詰合《つめあい》御吟味役山崎甚五兵衛様へ指上候趣、此度《このたび》長左衛門承り参候。

ここから、久々知屋が「絹方」に対して、「未年」すなわち前年の天保六年から一年間、月八朱（〇・八パーセント）の利息で五〇〇両の出資をしていたことがわかる。

ここで重要なのは、この那波家文書の性格である。那波家は、早くより藩の御用聞町人として重要な役割をはたしてきた。その大部の史料は、現在秋田市立中央図書館明徳館に

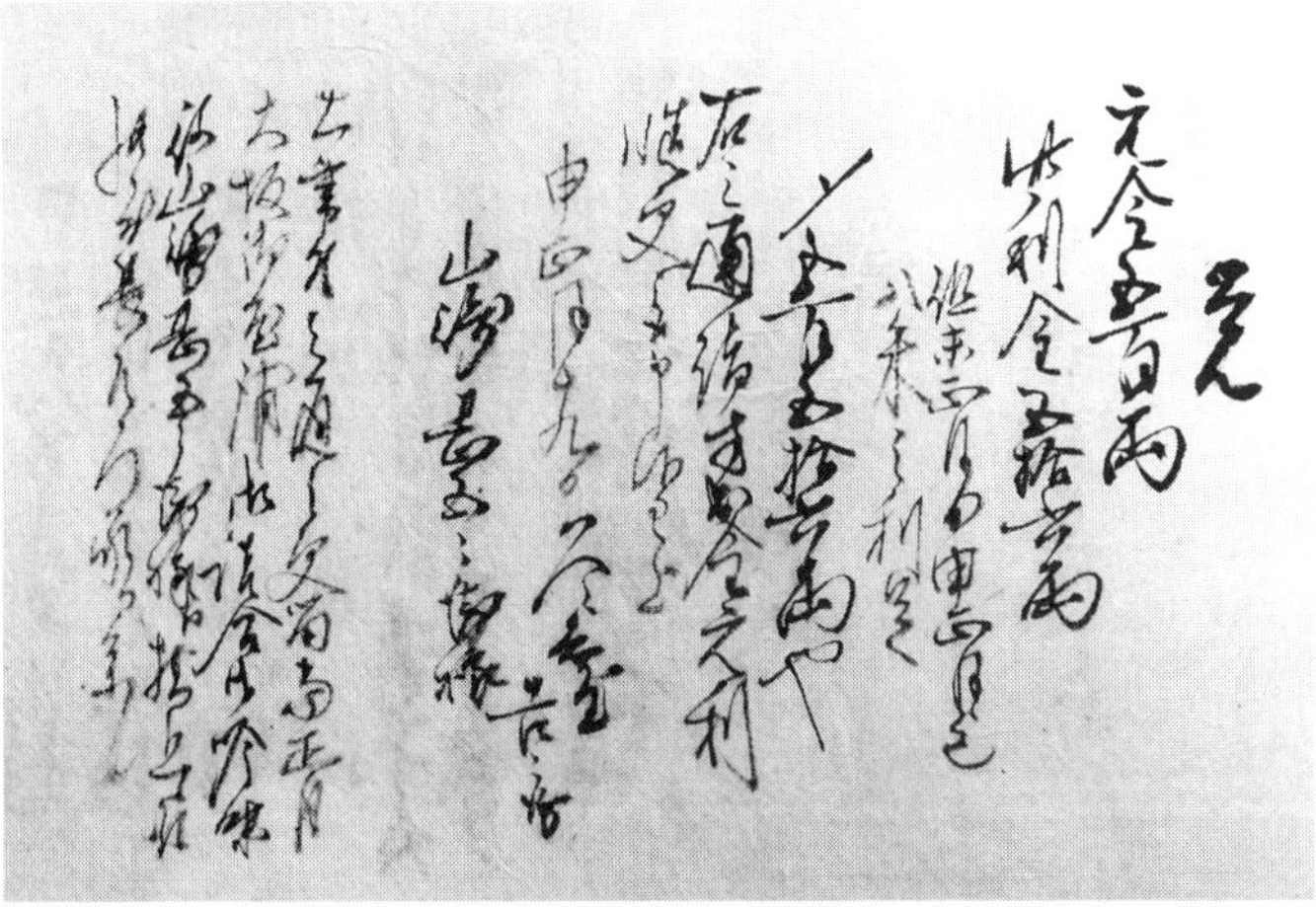

図19　那波家文書「絹払帳」（天保7年）。秋田市立中央図書館明徳館所蔵。

所蔵されているが、その目録に載せられた同史料の解題によると、明治維新のさいに藩の御用にかかわる文書記録の保管を同家が委託され、家政・経営文書とは別に保管されていたものであるという。つまり、これは個人商家の経営史料ではなく、藩政にかかわる史料ということである。

ということは、久々知屋は、藩の事業に出仕したということになる。なによりも、右の証文（写）のあて先が大坂蔵屋敷宛（山崎甚五兵衛。勘定吟味役）になっていることが、そのことをよく物語っている。

右の「絹払帳」によれば、久々知屋はまた、天保四年十月から同六年五月にかけて、銀百六拾七貫九拾四匁五分（およそ二七八五両）の絹を買い取っている。絹方が管轄した織師は、角館の組下給人を中心として、徒歩や足軽、町人、農民と広範囲におよんでいるが、上方における取引対象は、百足屋《むかでや》新六をはじめとして幾度か入れかわり、安定していなかった。久々知屋のねらいについてはより深い研究が必要だが、間口の広い商いをしていたようである。

# 第五章❖上方日々断章

図20　道頓堀歌舞伎場（『摂津名所図会』）。国立国会図書館デジタルコレクションより。

## 熱烈「親衛隊」に　あぜん

日記には芝居見物の記事も多い。たいていは館入たちの主催で、介川たちは招かれる方である。主人だけでなく支配人たちも同行するから、おのずと大人数となる。文政九年（一八二六）四月のある日など、「今日ハ清八（鴻池新右衛門家の支配人）等心配《こころくばり》ニてけいこ・役者なとも数人参候」とあるように、芸子や役者などを連れて出かけている。

ただ見物するだけではない。天保三年（一八三二）十月二日の記事を引いてみよう。この時介川は四度目の登坂で着任したばかりで、その歓迎会として三家（鴻池・塩屋・加島屋）から招かれたのであった。場所は道頓

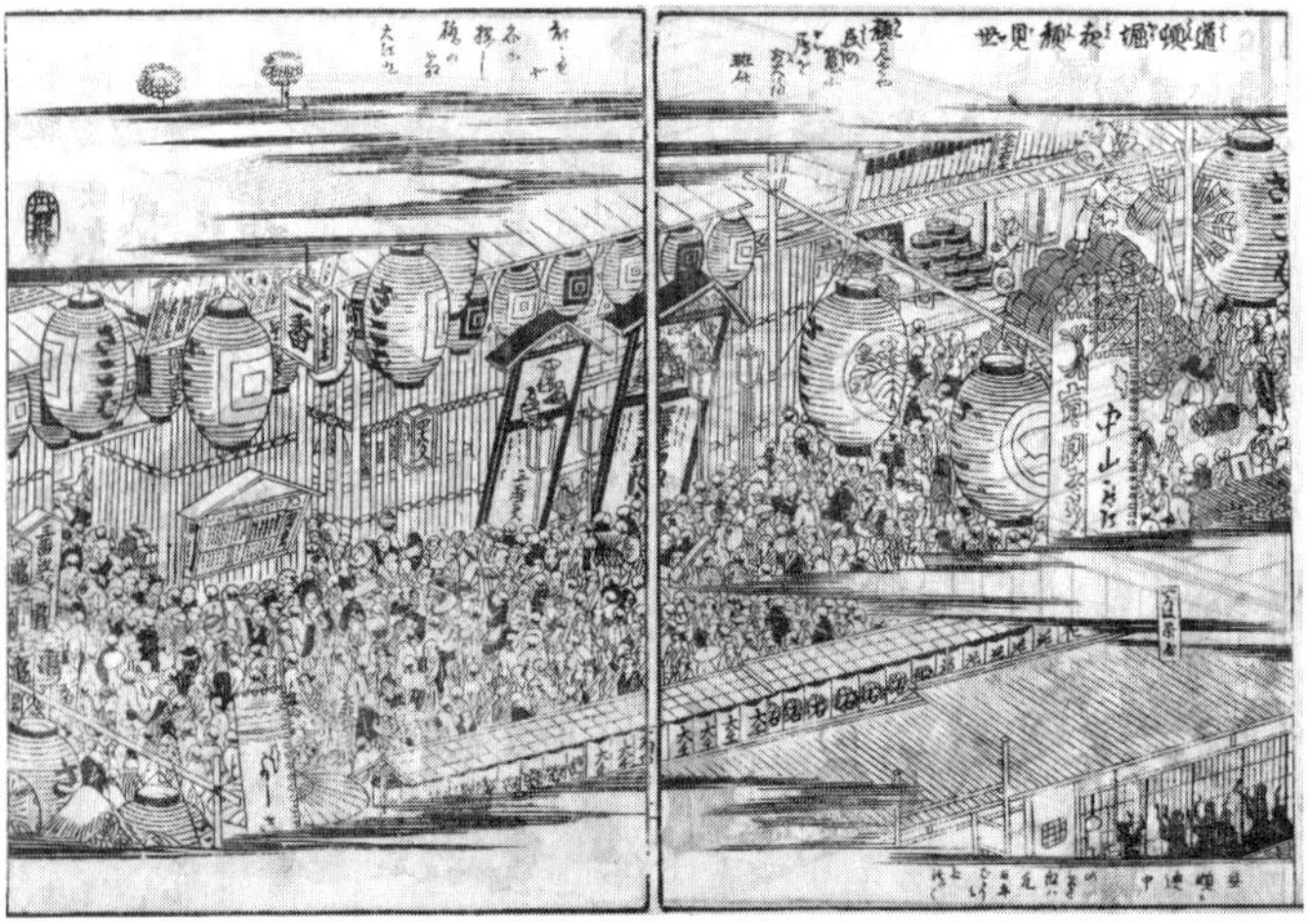

図21　道頓堀芝居小屋顔見世（「摂津名所図会」）。
国立国会図書館デジタルコレクションより。

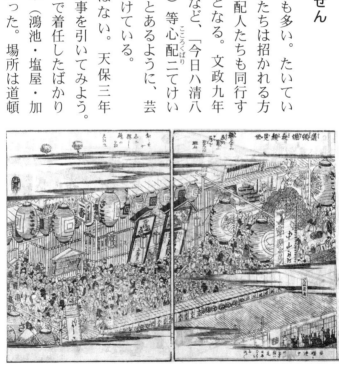

堀で、三家のもの達はすでに到着して介川らを迎えてくれた。どちらも羽織袴の姿である。桟敷《さじき》席の後ろに休息所があり、まずそこで吸物が出され、干肴などでかるく酒をたしなむ。しばらくして、一同袴をとって気軽な姿となり、昼食にうつる。あとから到着した者は桟敷席で食べている。三の膳までついている。芝居がはねてから、帰りに富田屋へより、また酒宴となっている。ここには、酒と料理の話ばかりで、芝居についての感想は一切出てこない。

時間が逆行するが、文政九年十二月五日、道頓堀で顔見せがあるというので、やはり館入たちと出かけている。このときはかなり印象が強かったようで、「手打《てうち》」について詳しく記事にしている。「手打」とは、正しくは「手打連中」といい、辞書によると、「江戸時代の歌舞伎で、顔見世狂言の時、祝儀のために手をうつ団体」である（『日本国語大辞典』）。簡単に言えばファンクラブだが、これがまたすごいのである。

介川は日記に、大手・笹瀬・桜の三つの連中があると書いている。一組数十人で舞台の前に陣取り、ひいきの役者が登場すると、小さな拍子木を打ってやんやの大騒ぎである。その連中はいずれも「一様の衣裳」を着、たとえば笹瀬であれば、「笹瀬」あるいは「笹」の文字を染めあるいは縫い取ってある。彼らは一同に立ちあがって拍子木を打ち、「歌その外《ほか》いろ〳〵種々のはやし」たてをする。そして、役者の紹介のさいに贈り物をするのだが、それが何でもありで、「四斗たる七ツ十、米五拾俵百俵」など（もちろんこれらは目録である）も含め、品々舞台の上に積むようにして差し出すのである。「連中」の中には自ら舞台装束を着てせり上がりで登場したり、逆に天井からぶら下がって手打をする者まで いる始末である。介川はこの「手打」について、

笑うべきもの阿房《あほう》の第一に候へども、また浪華の繁華を見るに足れり。

と、あきれたように感想を記している。

この日の出し物は、「源平ぬの引の瀧」と「義経千本桜」で、座頭《ざがしら》は中村歌右衛門、ほかに中村芝翫《しかん》なども出演した。「夜九ツ時過果ル」とあるから夜中の十二時である。この日は町奉行による見分があるのでこの時間に終わったが、「左《さ》もなけれハ深更《しんこう》（夜ふけ）ニ及《およぶ》よし」とある。介川は、大坂人のとてつもない野放図さと底力を感じたに違いない。

## 単身赴任武士の楽しみ

ここで一通の書状を紹介したい。大坂詰役人の一人、当時勘定吟味役であった近藤瀬兵衛《こんどうせへえ》が国許の金易右衛門に宛てて出したものである。文政十一年十一月二十八日付である。これも今回あらたに発見された史料である。全文は六ヶ条からなる長文だが、ここでは後半二か条の部分を引用する。

一　この節御国表は嘸《さぞ》凍風も烈敷《はげしく》御往来御難儀成置《なしおか》れ候わん。この表《おもて》（大坂）は両三日已前《いぜん》より寒《かん》ミも増《まし》候へども一向苦ニ也候程の事もこれなく、別《べっし》て今日方快晴御座候。吹を思出され、折々打寄《うちより》咄暮し罷有《まかりあり》候。

一　芝居当時京都顔見せこれ有り候。実に玉揃《たまぞろい》、地人も斯也揃《かくなる》候事これなき由《よし》、大入と申候事ニ御座候。幸この頃松江方より番付参候あいだ笑種《わらいぐさ》まで御覧に入《いれ》申候。この人数の儘《まま》ニて大坂へも遠からず参《まいり》候　専《もっぱら》噂御座候。どふぞ一度は見申《みもうし》たく候えども月延になり覚束《おぼつか》なく存奉《ぞんじたてまつ》り候。もしも一見つかまつり候ハヽ、その節御取纏《まとめ》申し上ぐべく候。

ここには政治的な語りはまったくないけれども、なかなか味わいのある一節である。移動手段が馬か徒歩に限られていた時代、大坂に単身赴任している侍が、厳寒の季節を迎える故郷に思いをはせる様子がよく表れている。「今ごろ国は冷たい風が厳しく、往来も大難儀でしょう。大坂は、寒さも強まっていますが一向に苦になるほどではなく、とくに今日などは快晴です。国もとの吹雪を思い出しながら、時々皆で集まって話しています」という内容。

後半は、芝居についての話だが、これも面白い。京都で行われる顔見世興行が「玉揃」だという。「玉揃」とは、素晴らしい出演者がそろっているということろ。番付が手に

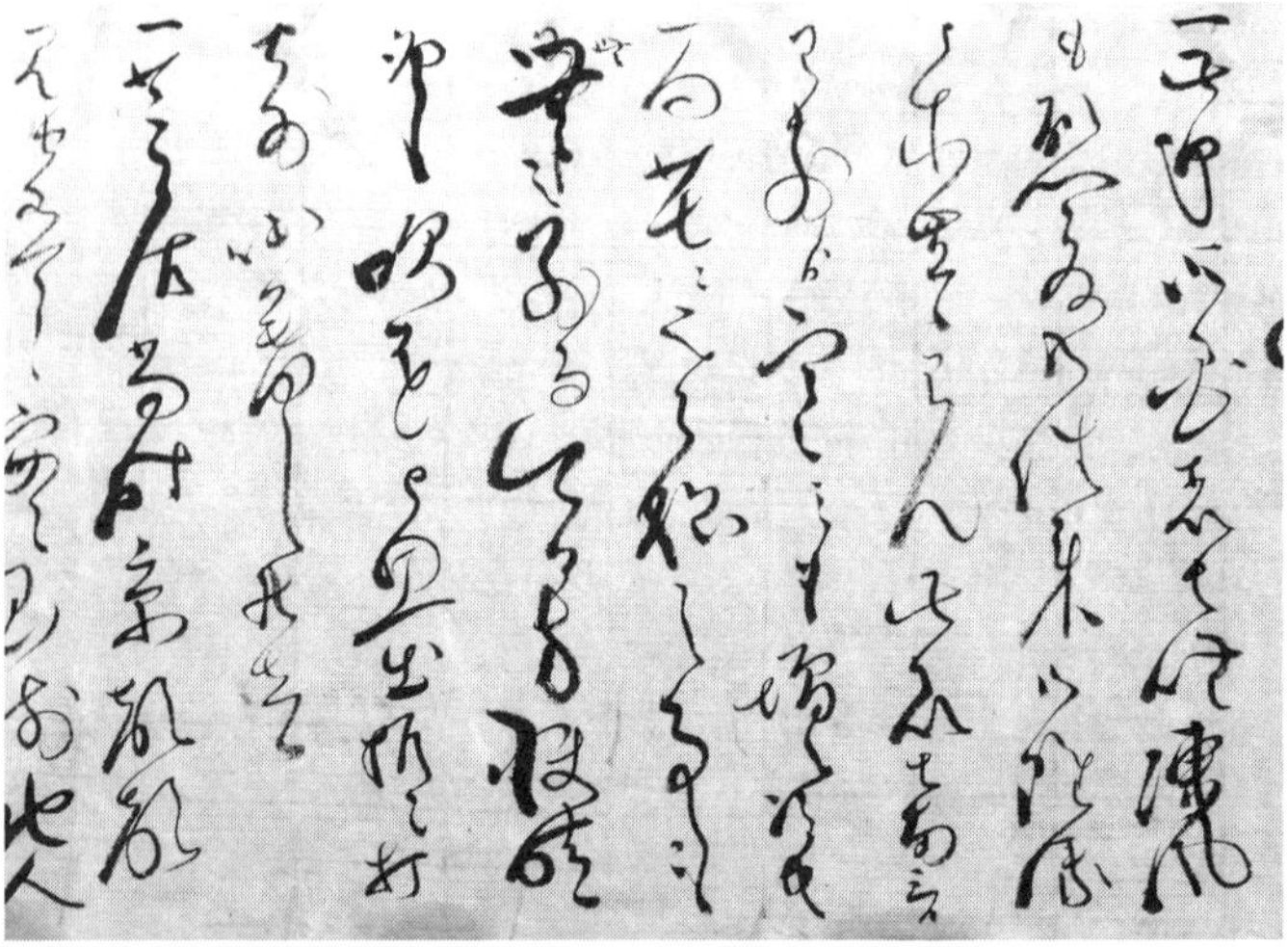

図22　近藤瀬兵衛書簡（部分）

入ったので話のタネにと一枚金《こん》に送ったらしい。大坂にも近々やってくるという噂で、そうなったらぜひとも見たいものだが、先延ばしになっていて実現するかどうかわからない、と言っている。

面白いのは、これを書いた近藤が、金易右衛門もこの話題には興味・関心があるだろうという前提で語っていることである。金も、大坂詰が長かった。なにしろ、鴻池と塩屋の蔵元就任を実現したくらいなのだから経験も豊富である。おそらく金も館入たちに誘われて芝居見物に足を運んだ口なのであろう。介川も、大坂での顔見世興行については、けっこう詳しく書いていた。

東北の片田舎から出て行った武士にとって、上方の文化は手紙の題材になるほど刺激的だったのだろう。

## 頼山陽と親交を結ぶ

介川は大坂滞在中に何度か京都を訪れている。京都にも蔵屋敷があってわずかながら役人も詰めていたし（原則として京都定居である）、宇治《うじ》には御用茶師もいて、藩に納められる茶詰の様子を見分する必要もあった。また、三井寺《みいでら》境内にある新羅社《しんらしゃ》への代参御用も何度か務めている。

文政十年（一八二七）三月には、嵯峨野《さがの》を散策して楽しんでいる。「あらし山花少し移《うつろ》ひ候様ニ候へとも、近来ノ雨ニて人出申さず、今日ハ春来のにぎわひのよし」（二十二日）とある。茶屋に入って休もうとすると、ちょうどその隣に堺の館入酢屋利兵衛《すやりへえ》が妻とともに酒を飲んでいたので介川一行も同席して楽しんだ。「此方人数も同様ニ相成一興ニて候」とある。

たそがれ時、天龍寺《てんりゅうじ》の宿坊《しゅくぼう》に着き一宿する。「此所よりあらし山を望、最絶景也」とある。本来講《こう》の仲間でないと宿泊できないのだが、京都の館入山下惣左衛門《やましたそうざえもん》を通して頼み込んだのであった。食事は当然精進料理であったが、酒も出たと介川は書いている。

翌日は朝から、夢想疎石《むそうそせき》（高校の教科書にも登場する室町時代の有名な禅僧）の作と伝えられる天龍寺の庭を見、それより嵐山の水辺を散策し、午後は仁和寺《にんなじ》を訪れた。八重桜が満開であった。北野天満宮へ参詣した後、島原《しまばら》へ行き「角屋《すみや》」で酒を楽しんだとある。島原は遊郭などが並ぶ、江戸時代の京都の一大歓楽街であった。

二十四日は、大坂の館入たちと円山《まるやま》で落ち合い、夜は祇園《ぎおん》の一力茶屋《いちりきぢゃや》へ行っている。一力茶屋は「仮名手本忠臣蔵《かなでほんちゅうしんぐら》」に登場したことで当時から知られていたが、あの大石内蔵助が、敵の目を欺くために連日のように通って遊びほうけた茶屋といえばご存じの方も多いだろう。

この記事を載せた「日記」の冊子には乱丁があってはっきりしないのだが、この時大坂からは、塩屋惣十郎・鴻池清八・鴻池庄兵衛・塩屋平蔵・山崎屋寿之助・鴻池秀太郎・鴻池太蔵たちが来ていたようである。日時は不明だが、南禅寺《なんぜんじ》周辺の茶屋で落ち合っている。

この時の上京で、介川にとって人生最大の思い出となったのは、頼山陽《らいさんよう》との出会いであった。四月一日の条に、次のようにある。

頼久太郎［号山陽、名襄、字子歳］京師ニて当時高名の儒者、詩文もよくいたし候ものニ付兼て逢申したく存居《ぞんじおり》候へとも間違逢申さず（都合があわず）、今朝山下十五郎を以《もって》申達候所、何時也お目に懸り申すべきの段申越候ニ付、今夕参候（文中［　］は割注）。

頼山陽は、江戸後期の儒者である。自由な境遇を好んで士官はせず、各地を遊覧して詩文を残した人物である。「日本外史《にっぽんがいし》」などの著作もあり、幕末維新期の志士に大きな影響をあたえたと言われている。介川は、「拙者旅中の作等も氷《(マヽ)》し候へき、自今《じこん》篤く交り申したく互ニ申置候」と書いているから、自分の作品も披露したのであろう。このあとも介川は、京都へ出向くたびに山陽の宅を訪問し、親交を深めている。

## 京都での遊びを満喫

頼山陽と出会ってから二か月後文政十年六月五日、今度は祇園会《ぎおんえ》（祇園祭）見物のため再び京都へ出かけている。

今回は出発から有志の館入《たちいり》たちと一緒で、屋敷からは勘定吟味役山崎甚五兵衛《やまざきじんごべえ》と小野崎武兵衛が同行した。館入は、鴻池新十郎・塩屋惣十郎・鴻池清八・同幸八・塩屋平蔵・山崎屋寿之助・鴻池太蔵の七名であるが、あとから鴻池庄兵衛が追いかけることになっていた。屋形船で伏見《ふしみ》まで行き、そこからは徒歩で京へ出る。船中では酒が用意されていて、すでにお祭り気分である。介川らは京都の蔵屋敷に泊り、館入らは宿をとってある。

翌日の六日は円山《まるやま》に出かけ、帰り「初夜」というから八時ごろか、祇園の一力茶屋に出かけている。鴻池庄兵衛が一力茶屋までやってくる。加島屋作兵衛・弥十郎らも参加の予定であったが、作兵衛の親が死去してから百か日も明けていないので不参加であった。

七日、昨夜半雨が降ったが、明けると晴天で草履がけでもよい。朝から鴻池新十郎等が出かけ、四条通《しじょうどおり》南側堺町筋西角の二階を貸切りにして、そこで山鉾《やまぼこ》が通るのを見物している。終っていったん屋敷へ帰り、今度は島原の角屋《すみや》へ全員でくり出す。江戸の蔵元森川五郎右衛門の妻女も京都に出てきており、介川らと合流した。「歌舞等催し深更に及ぶ」とあるから、さぞ楽しい会合だったのだろう。

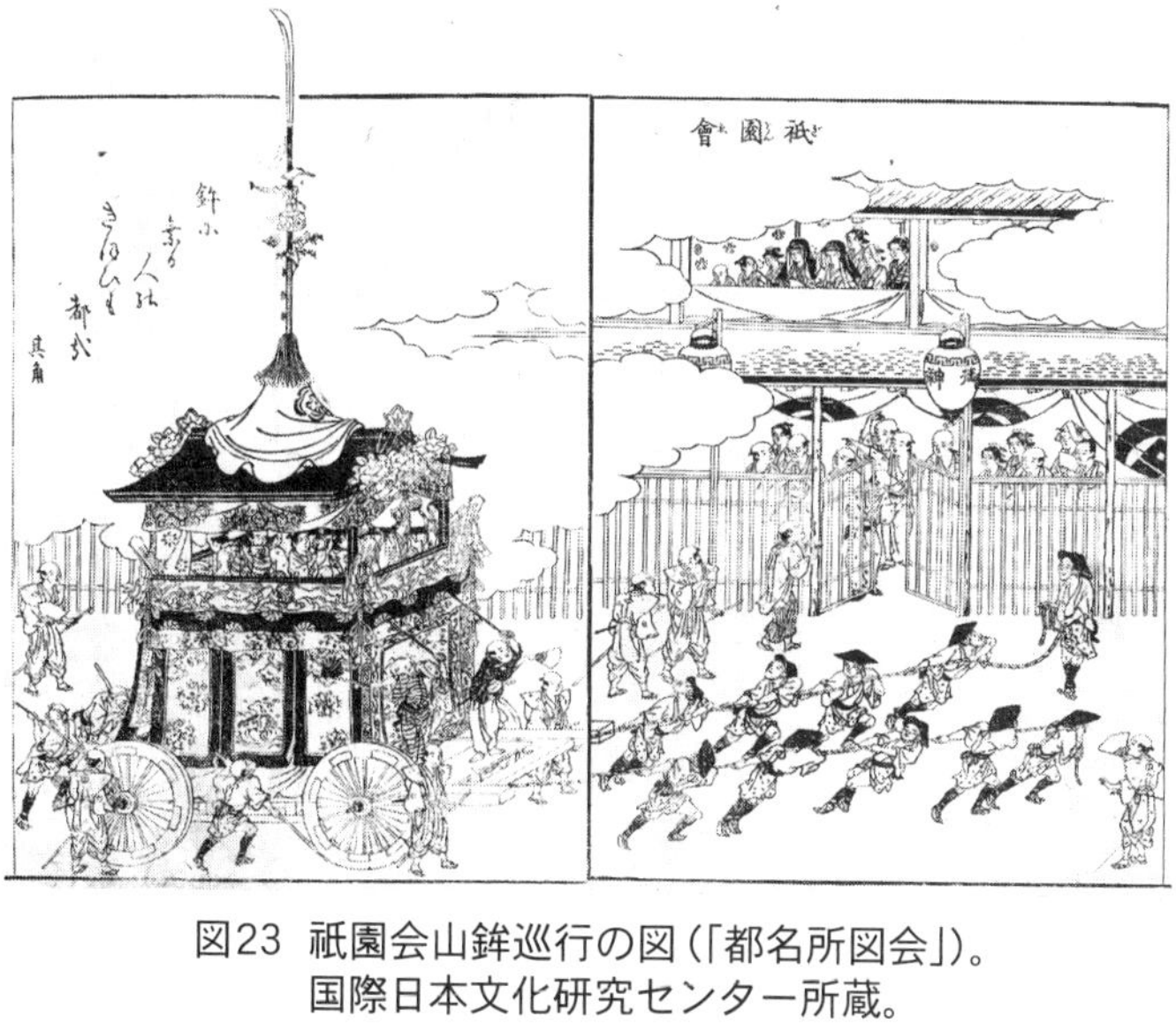

図23　祇園会山鉾巡行の図（「都名所図会」）。
国際日本文化研究センター所蔵。

翌日八日は、大坂館入たちが帰った。明けて九日、介川たちは森川五郎右衛門の妻女のサービスに努めている。手代二人に下女二人をともなって昼から円山に出かける。芸子らの踊りを楽しみ、夜八時ごろからまた祇園の一力茶屋に赴く。「琴・三味セン高名の女呼候てあけほの・袖の露・名こしなとあわせもの承り、八ツ半頃帰」とある（文政十年六月九日）。「あわせもの」とは音曲である。一時間ほどで帰っている。

森川の妻女は十日に大坂へ向かったが、介川たちはまだ京都に滞在し続けた。十三日の夜は宵山を見物に出かけ、十四日は「明け時過」より三条へ山鉾見物に出かけた。京都の館入百足屋《むかでや》利右衛門の口利きで町家の二階を借り、酒などをふるまってもらい、ゆっくりと見物。それから午後二時ごろ四条へ場を移して神輿《みこし》の巡行を見物している。そののち、やはり館入の心配りで四条の茶屋で盃を傾けながら納涼気分を満喫し、夜四つごろというから午後一〇時ごろ屋敷に帰宅している。

この年は京都を訪れる機会が多かったらしく、七月には大文字送り火見物の記事がある。風情も感じられるのでそのまま引用しよう。

山々頂より少し下り大文字の火暮頃ニ燃出し候。山の平ニ大ノ字形ニ穴をほり夫《それ》へ薪をつミ入候て火を付候事のよし、北の方ニ妙法等の字、船之形などいろ〳〵有も一々見へかね候（文政十年七月十六日）。

このような体験ができるのも、大坂詰役の特権と言えようか。

## 国の旅人に救いの手

天保四年（一八三三）十月十六日、国許が大飢饉中の珍事である。

前夜館入の一人山下勇吉宅に招かれ、朝屋敷に戻ると、家来が次のように伝えた。昨夜「乞食様《よう》のもの」が二人連れでやってきて、その内の一人が語るには、自分は戸村《とむら》家（領内の横手《よこて》に居を構えた大身。戸村十太夫）の家臣で小田嶋敬蔵という者である（もう一人は町人）。宿願あって金毘羅《こんぴら》参りに出かけたところ、東海道に入って湯本《ゆもと》から箱根《はこね》に向かう山中で追いはぎに遇ったという。

相手は七人で、刀を抜いて脅され、身ぐるみはがされてしまった。その晩は先の宿にまた泊めてもらい、翌日銭五〇〇文ずつと古着一枚ずつを貰い、何としてでも大坂屋敷までたどりつこうという一念でやってきたという。

思わず笑ってしまうのはここからで、時節柄、飯も銭もめぐんでくれる者はなく、折からいずれかの御大名の道中と行き会い、「その提ちん等をもちなどいたし三四十文ももらひ、よふ〳〵桑名《くわな》迄参《まいり》候所」、着物一枚なので頭痛がひどく、とうとうその御道中にも遅れてしまった。途中「さつまいもまた八生麦等一つかみくれ候ものも候得《えば》夫《それ》等をかみ」、なんとかたどりついた次第である。自分は、以前疋田斎《ひきたいつき》様（家老）にも八年ほど奉公し、小姓（主人の世話役）として二度ほど江戸にも上ったこともある。こちらの旦那様においてもお見知りおきではないか、などという。その二人が今朝もすでに来て、助けを求めているというのである。

事情を事細かに記した書付を持参したというので読んでみると、要領よく事の次第をまとめてある。それによると、侍の方は三〇石取りで、両親は健在、妻子もあるという。町人の方は、七九歳になる母が大病をし、その介抱を祈願しての金毘羅参りであるという。一三両持っていたが一二両を取られてしまったといい、町人の方は「私の為敬蔵迄右の仕合ニ相成候迚《とて》声をはなち泣候」始末である。

陰から覗いていた介川の感想は、「壱枚ものも破れ候て尾籠至極《びろうしごく》、目もあてられぬ体《てい》ニ候」であった。見覚えのない者たちではあったが偽りを言っているようには見えない。介川は家来たちに命じて、まず飯を食べさせ、銭湯にやって月代《さかやき》なども整えさせるよう指示している。また、綿入《わたいれ》・襦袢《じゅばん》・雨具・脇指などまで買い整えさせている。

二人は金毘羅参りをあきらめると言ったが、介川は、金毘羅までの路用（旅費）は自分が出す。秋田までの路用は、吟味役から借りるというかたちにしてやるよう指示している。二人は、「只管《ひたすら》有りがたく存奉り候段申」「再生の心地と相見」えたという。

家来に詳しく聞くと、夜明け前の山中で寒さを感じていたところ、焚火をしていた連中に逢い、暖を取るよう誘われて加わると、博奕を強要された。断ったところ因縁をつけられ、そのあげくに金子《きんす》や衣類まで取られたのだという。

## 京都屋敷の稲荷が人気

文政九年（一八二六）九月、介川は所用で京都に出向いたが、その時京の蔵屋敷に稲荷社を造営することになっていた。稲荷は庶民の信仰としてもっともポピュラーなものであり、五穀豊穣を祈念する意味でも藩の蔵屋敷には欠かせないものだった。大坂の蔵屋敷には、敷地内の西側中央にすでに設けられていた。この京都蔵屋敷の稲荷社造営に関して、面白い記事があるので紹介しておきたい。

幅一間（一・八メートル）、奥行き二間（三・六メートル）というから、小さなものである。屋根は瓦、社（やしろ）の周囲をすこし開けて、廻りに玉垣《たまがき》（柵）を巡らせてある。九月七日には地鎮祭が行われ、すでに吉田家（全国の神社を司《つかさど》る権限を持っていた）から「稲荷正一位の御神号」を賜っていた。

次の日、賽銭箱が運ばれてきた。かなり大きなもので、菊座のあたりに金属の鋲《びょう》がたくさん使われている。正面に「賽銭」という文字が彫られ、そこが黒漆で塗りこめられている。介川はよほど満足だったらしく、「外《ほか》ニて見候事なき立派なるもの也」と記している。

面白いのはここからで、

右を持参いたし候か途中ニてさへせん上候よし。余程せん（銭、注引用者）入これ有り、百文のまゝ包入り候ものなとの分も見《みえ》候。

とある。賽銭箱を屋敷に運ぶ途中にも「さへせん」（賽銭）をあげてくれる人があり、中には百文そのまま包にして入れてくれた人までいたようだ。さらに記事は続く。

又々嶋原芸子拾五人より長提灯拾五張《はり》、角屋仲居《すみやなかい》より同五張、皆自分の紋を付名を記見事なるもの二候。それを奉納さし出候。その外一向縁のなき町々等より種々のもの融通これあり。

島原（京都の歓楽街）の一流料亭角屋《すみや》から、芸子や仲居たちが、店の紋や自分の名前を書いた提灯を奉納してくれたのである。また、何の縁もない町からもいろいろな物を提供してもらったとあるのも面白い。

九月九日は、稲荷御遷宮《せんぐう》の式が夜明け前に行われている。午後二時ごろから京都の館入一同が招かれ、祝いの料理が供された。その後は、「直々申会嶋原へ参候」とある。とにかく、町からの参拝者があとを絶たなかったようである。「今日も稲荷かざりいたし置候。参詣多し」（十日）、「稲荷へ追々奉納もの等これあり、今日も浄瑠璃《じょうるり》奉納申したく申出候あいだ、かざりハそのまゝいたし置候」（十一日）などの記事が絶えない。

十三日、介川は大坂に帰った。翌十四日、今度は大坂蔵屋敷にある稲荷社の神事であっ

た。都合のついた館入十二人を呼んで酒肴をふるまった。日記には、

酒大ニはつみいつれも大酩酊。夫より例の通わたやへ参候、惣おどりと相成おかしき事ニて銘々芸つくしなどいたし候へき。

とある。宴会のダシにされて、稲荷明神も苦笑するしかなかったであろう。

## 社会不安が馬鹿騒ぎを誘発

天保八年（一八三七）九月、介川は五度目の大坂詰となった。大塩の乱の騒ぎも落ち着いたころであろうか。その翌年の閏四月に次のような記事がある。

天満天神社《てんまんてんじんしゃ》昨年焼失、再建のため地形《じかた》の砂持と申事先月廿一日より三七日とやらこれ有、諸方より朱銭差上候を運ひ参候のわけニて、その実ハ唯踊りさわぎ事也。その人数莫大成もの、日夜御屋敷前の往来にぎ〳〵しく堂嶋なとハ一夜ニても七、八千人こ

れある様《よう》申唱候。

天満宮が昨年焼失したので、その再建のため「砂持」（すなもち）と称して大勢が銭等を奉納するために集まり、その実はただ踊騒ぐためのもので、堂島などは一日に七八千の人出がある、というのである。天満宮の焼失は大塩の乱の被害によるもので「大塩焼け」と称した。

「砂持」とは、本来川浚いなどで上げた土砂を境内に敷くという労働奉仕である（『新修大阪市史』第四巻）。これはそれを口実にしたお祭り騒ぎだというのである。

介川の記事によると、彼らはグループごとに同様の装束で身をかため、市中の遊女たちも思い思いに奇抜であでやかな装束を身に着けて勢ぞろいし、見物人が群集をなしてなかなか通り抜けることができないと介川は書いている。現代でいえば、渋谷のハロウィンのようなものである。

注目されるのは、介川が「近来不景気故ニも候や、惣て諸町より種々成体《なるてい》をなし人数一組々々ニ出候事也」と記していることである。このような異常な状況の背景に「不景気」があることを介川は指摘している。これは経済的な問題にとどまらず、大塩の乱に象徴されるような社会不安ということである。現代にも通じる側面であろう。

辰巳屋から見物に行こうと誘われ、屋敷一同で出かけている。「右ねりもの凡八九拾人ばかりツヽ二立、衣裳冠等美麗、はやし等にぎやかなる事也」とあるから、これはもはや祭りである。

この天満宮の砂持が終っておよそ一か月後、今度は御霊社《ごりょうしゃ》の砂持というものが始まり、さらに猫間川《ねこまがわ》の川浚いというものも始まっている。また「その内権現様御宮の砂持も始り候よし」とも書いている。

天保十一年五月、秋田で隠居生活を送っていた介川に、京都館入《たちいり》の山下惣左衛門《やましたそうざえもん》から、「豊熟踊《ほうじゅくおどり》」というものがはやっている

図24 「慶応四年豊年踊之図」(「絵暦貼込帳」)。国立国会図書館デジタルコレクションより。

という手紙が届いた。異形の姿をした者たちが、数百人から千人も踊り歩く様子を伝えている。

銘々思いのままに、男は女になり女は男になり、高提灯《たかぢょうちん》をもったり、さまざまな異形《いぎょう》のいでたちで、衣裳は美を尽くしたものである。みな腰に鈴の鳴子を下げているそうだ。前代未曾有のことで（中略）昨年の大坂での「砂持」に劣らない騒ぎとなっている。

「豊熟踊」は、後の「ええじゃないか」に通じるものである。これを活気にあふれた様子と見るか、終末観を感じるかは、人それぞれだろうか。

## 評価ぼちぼち秋田米

秋田は米国《こめぐに》という認識は、つい最近まで多くの人が共有していたものではないだろうか。このような考え方は、江戸時代の秋田人にもあった。

しかし、御登せ《おのぼせ》米として大坂に送られる藩の蔵米《くらまい》は、せいぜい三万石程度であった。加賀藩や熊本藩の登せ米が一〇万石であったことと比べると、大坂市場における秋田米の位置はさほどでなかったことがわかる。商品米としての評価もそうである。

天保八年（一八三七）の日記の記事に、秋田の御蔵米一石が八拾三匁とあるのに続いて、「肥後九十七匁、加州九十三匁、出雲六十八匁」とある。そして、「秋田米は、以前は雲州米ぐらいの値段であったが、近年は大いに評価が上がった。俵づくりなども入念となり、米の詰め方もしっかりしてきたこともあるだろうが、米の性質もよくなったせいもあるかと思われる」と述べている。続いて、

当春上の古米を為登《のぼせ》候ところ、兵庫ニて肥後ニも勝り候ほどニて、秋田ニもか様の米出候事覚申さずといつれも申候よし。（十二月二十七日）

と結んでいる。「秋田でもこんな良い米がとれるのかと、誰もが驚いている」というのだから、逆にいえば、それまでの秋田米の評価がどの程度であったかが分かる。文政九年（一八二六）五月九日の「日記」によると、秋田米は五九匁五分とあり、かなり低い。ち

なみに、秋田藩でも「大坂俵《おおさかだわら》」といって、大坂へ蔵米として回漕する米の俵は、特注され、厳密に作るように指示されている。

県公文書館が所蔵する「御用記先例書《ごようきせんれいしょ》」という史料によると、天保三年、藩は、米俵を造るさい、縄や俵の素材に不同のないよう、厳重に注意している。そして、出来《でき》の悪い俵は容赦なく廃棄処分にすると言っている。いかに大坂へ回漕する米に気をつかっていたかがわかる。肥後米や肥前米は、堂島で扱われる米のなかでも有数のブランド米であった。いっときではあれその肥後米の評価を超えたというのだから介川の喜びようも理解できよう。

最近、秋田米の価格について、新しい史料に接する機会を持った。「歳内納相庭」という史料で（図25）、巻紙に全国からの登《のぼ》せ米の値段が記載され、最後に「右

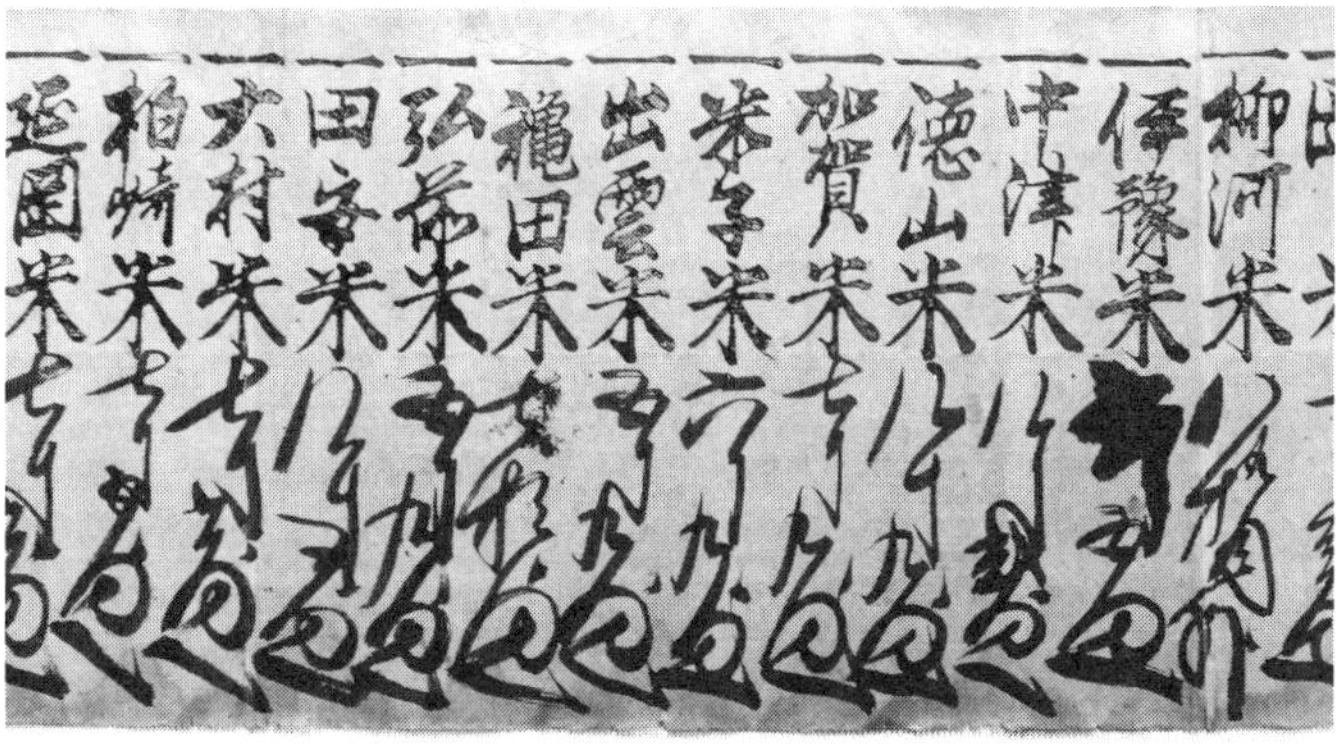

図25　「歳内納相庭」（部分）

之通二御座候、辰極月廿四日、布屋弥助」とある。上段に銘柄、下段に米の価格が表記されているが、面白いのは、冒頭の「歳内納相庭」というタイトルと銘柄は版木刷りで、米の価格部分が肉筆であることである。つまり、この用紙は版木で何枚も刷られており、必要に応じて各人が銘柄ごとに米の価格を書き込む仕様になっているのである。

これによると、「穐田（秋田）米　七拾匁《（マヽ）》」とある。ちなみに、弘前米五九匁、加賀米七九匁、徳山米八九匁、薩摩米八八匁（以下写真では見えない）、肥後米八〇目、肥前米七八匁とある。末尾に「辰」とあるので、天保三年か同十五年か、いずれかのものと推測される。これによるとさすがにブランド米である西国のものと比較するとやや低いが、文政九年には五九匁余であったことと比較すると、確かに秋田米の評価が上がってきたのかもしれない。

文政十一年（一八二八）の、加島屋定八から国許の金易右衛門に宛てた書簡（口絵4頁）には、「御米拝見仕《つかまつり》候ところ、何様追々承知奉り候通り御米柄《おこめがら》宜《よろ》しからず」とあって、厳しい評価である。ところが翌年の、同じく金に宛てた書簡には、

今年は別して御米柄・俵形《たわらな》りとも至極出来立《できたて》宜しく、一同恐悦《きょうえつ》奉り候、昨年御豊作

のうえ各別御厚配あらせられ候ゆえと有り難く存奉り候。

とある。これを見ると、米の質はもちろんのこと、いかに俵造りが大切だったかがわかる。

## 後の老中も批判の的

館入《たちいり》はよく他家の情報をもたらしたが、逆に言えば秋田藩のことも時には他家に筒抜けになるということである。だから生活全般について気は抜けない。

「諸国屋敷の振合など御館入ども咄合毎度承候」という書き出しで、広島藩のことが話題なっている（文政十二年八月三日）。加島屋弥十郎が語った話である。広島藩は財政難を凌ぐために倹約が厳しく、冬は正月の松飾りを薪《たきぎ》として配り、留守居《るすい》であっても綿入《わたいれ》一枚以上は身につけず、炬燵《こたつ》だけでがまんしている。身分の低い者は生れてから綿入など着たこともないという。

大坂へ出張してくる者が持ってくる土産《みやげ》はみな手軽でシイタケ一箱といった程度なのに、御国（広島）に帰られるさい、気を遣ってご希望のものがあるかと尋ねると、この間などは『康熙字典《こうきじてん》』を所望されたという。これは、中国の清の時代に編纂された辞書で、日本では安永九年（一七八〇）に、初めて和刻本が刊行されている。

さらに話は続いて、「向かたより御振廻《ふるまい》とハ決てこれ無く候へども是よりハ折々御振廻仕候《つかまつりそうろう》」（こちらからはしばしばふるまいなどに招くが、先方からはほとんどない）という。加島屋の先代作兵衛の時、（広島藩の）門番が飼っていた鶏が犬に噛まれて死んだので、それをふるまうということで招かれた。そのようなことでもない限り他者へふるまうなどということはない、というわけである。

「障子ハ幾度も切張、畳などハ容易ニ表がへこれ無《なき》よし」と、もう散々である。「しかし役々よく和し居《おり》候て聊《いささか》の事ニても一同心得居《こころえおり》候様子ニ候よし」とあるのが救いだろうか。

天保改革の倹約令でも知られるのちの老中水野忠邦《みずのただくに》なども俎上《そじょう》に載せられている。これは大坂城代の

図26「水野忠邦公御肖像」。東京都立大学図書館所蔵。

ころのことで、以下は、鴻池庄兵衛の語りである（文政九年十一月十九日）。

鴻池善右衛門や加島屋作兵衛を初めとする大坂の豪商十二人が突然屋敷に呼ばれた。料理をふるまってくれるというのだ。そのなかに、鴻池庄兵衛も辰巳屋久左衛門も入っていた。みな警戒したが、なにも金を借りようというのではない、ただ西国の警備を固めなければならないので、その方ら豪家の者の知己を得ておきたいだけだという。ここでいう「西国の警備云々」とあるのは、この年、水野が大坂城代《おおさかじょうだい》から京都所司代《きょうとしょしだい》に転任したことをさす。

しかたがないので、一同屋敷に出向くと、料理や酒が出され、御紋入の裃や小袖を各自に一揃いずつ与えられた。

扨々《さてさて》何のわけニて拝領《はいりょう》つかまつり候事やら一向わけがわかり申さず。いつれの御屋敷ニても御もんもの拝領ハ御館入ニ罷成《まかりなり》候て御用等も勤候上の義ニ候ところ、何のわけもわからぬ内より右様《みぎよう》重き御取扱けしからぬ事ニ候。

と、庄兵衛らしく「酩酊」の状態で憤っている。ここで面白いのは、御紋付は館入《たちいり》となって、相応の務めを果たしてから頂くものという認識である。お偉いさんだから、与えれば喜ぶと思ったら大間違い、館入とその大名との関係はそれ以上の絆がある、というところだろうか。「町人を頼《たより》ニ御安心などゝハ一向わかり申さず」というのが、庄兵衛の言い分である。他人のことだが、介川も耳が痛かったことだろう。

## 味わい極上　鶴の肉

次は、天保三年（一八三二）の歳の暮れの記事である。

「昨日長田《おさだ》（加島屋）作兵衛より鶴一羽届く。これは近年恒例になっている。今朝、池田屋定八から、その倅《せがれ》卯之助《うのすけ》が十三歳になったのでその鶴の捌《さば》き方をやらせてもらえないかという願いがあったので申し付けた。御屋敷詰の者は両吟味役から門番・手代まで見物した。卯之助は裃《かみしも》を着し、「祝の鶴」という捌き方を披露した。祝いの料理だという」。（十二月二十九日）

江戸時代でも鳥はよく食したが、鶴はなかなか一般人が口にできるものではなかった。加島屋作兵衛は、ほぼ毎年留守居役に贈ってくれたらしい。文政十二年（一八二九）の正月の記事にも、「忠五郎もかしまや作兵衛より旧臘鶴一羽到来ニ付今日ハ鶴の吸物いたし候」とある。この時、介川に贈られた鶴については、

昼の内この間かしまやより到来の鶴、包丁池田屋弥助と申ものへ申付候。四季の鶴と申候包丁のよし。書院ニていたし候。いつれも参見《まいりみ》候。

として捌かれた。ここでも包丁を披露したのは池田屋とあるから、大坂では一流の料理人だったのかもしれない。

鶴がどれだけ貴重な鳥であったかは、将軍が鷹狩《たかがり》で得た鶴（これを「御鷹《おたか》の鶴」という）が大名に下賜《かし》されると、国許では家臣らによって祝いの記帳がなされ、その帳面が江戸に送られたり、またわざわざ拝領した鶴が国許に送られてきて、大勢の家臣一同に吸物としてふるまわれていることからもわかる。

文政九年四月一日の記事には、その年の二月二十九日に藩主義厚《よしひろ》が将軍から「御鷹之鶴」を拝領したという知らせを聞いて「鴻池・塩屋はじめ御館入一統上下《かみしも》ニて罷出恐悦申上候」とある。

鶴は、古来より長寿の鳥と考えられてきたし、その姿も優美で美しい。しかも鳥類の中でもっとも美味な鳥の一つとされていたらしい（根崎光男『犬と鷹の江戸時代』）。

江戸時代、鶴は大名や公家の間で贈答品として用いられることが多く、貴人の前で調理人が鶴を捌くことが行われた。これを「鶴包丁《つるぼうちょう》」と言った。「真魚箸（まなばし）」という長い箸と包丁を用い、食材に直接手を触れず捌いた。切り方から置き方まで厳密な作法があった。その鳥が鶴であることを証明するために、必ず足が添えられたという（西村慎太郎『宮中のシェフ、鶴をさばく』）。

なお、加島屋からの鶴は、飢饉で苦労した天保四年の暮れにも介川のもとに届けられている。介川は飢饉対策で明け暮れたことを思い遠慮したが、加島屋作兵衛は、「定例の御祝申上候事欠候てハ気の毒ニ付ぜひさし上申したく」として気遣ってくれたのだった。

## 高麗人参　高値で入札

天保三年（一八三二）年九月、秋田から高麗人参《こうらいにんじん》を商品として売るために、片岡四方之《よもの》助《すけ》・上原案左衛門という、御薬園《おやくえん》係の二人の役人が大坂にやってきた。この時運んできたのは、五〇〇斤《きん》（約三〇〇kg）ほどであった。

聞くと、大和屋伊兵衛という者が以前より秋田産の薬種《やくしゅ》を取り扱っているので、今回も大和屋に一任するのが国許の意向だという。

しかし、介川は、大和屋に一任することに反対し、入札するよう勧めた。ところが、二人の反応はあまりよくない。伊兵衛に任せておけば、よい値で捌いてくれるという主張をなかなか変えない。聞くと、どうもこれまで大和屋から何度か接待を受け、芝居などにも誘われているようである。介川は、「伊兵衛がどんなに実直な人物であっても、利益を重視するのはあたりまえで、駆け引きがないとはいえない」と、二人に注意している。さらに

　これまでほか薬種も他へ引合見候ゆえ、伊兵衛高直《たかね》（値）と申事相分候筋《もうすことあいわかりそうろうすじ》ニ御座候。（中略）折々は他へ引合申さず候得《そうらえ》ば相成ざる事に候。

とも言っている。大和屋がよい値で秋田の薬種を取扱ってくれたということ自体、他の者との比較があればこそわかることである。したがって時々は他との値の比較をする必要が

あると言っている。その上で、事が決着するまで、安易に大和屋の接待をうけてはいけないと注意している。「何分伊兵衛の方へ権の帰し申さざる様《よう》いたしおき候方よろしく」というのが介川の考えであった。要するに、すべての権利を伊兵衛に握らせてはいけないというのである。

結局、いくらかの謝礼を払って世話役を大和屋伊兵衛に頼み、薬種を扱う店に声をかけてもらい、大和屋も参加して入札することになった。伊兵衛はその役割を快諾した。十月十四日、大坂の蔵屋敷で入札が行われた。参加者は数十人あったが、グループを組んだ者もいて、入札に参加したのは十二組であった。結果、田名部屋《たなぶや》治右衛門という者が、一七貫六一二匁で落札した。これは大和屋が当初つけていた値より、一〇両ほども高値であった（十月十四、十五日）。

実は、これと関連する記事が、「御薬園方備忘《おやくえんかたびぼう》」（「東山文庫」、県公文書館）という史料に出てくる。

辰十月十八日、片岡・上原、大坂より江戸廻しを以て指口候状、同十一月七日相達。右五百七斤の代、文銀拾七貫六百拾弐匁、田辺屋治右衛門卜申ものへ落札ニ相成候よし（□は虫食い）。

とあるのがそれである。

同史料には、この五〇七斤のうち、三九八斤（約七八％）が「御薬園方の御分」とあり、さらにそのうち三一八斤が角館《かくのだて》産とある。つまり、当時藩の御薬園が指揮をとって高麗人参の栽培を奨励し、それを大坂で商品化しようとしたこと、その産地の中心が角館だったことがわかる。

介川が入札を主張しなければ、大和屋にいいように捌かれていたかもしれない。

## 少女書家「鯤」の実像

シーボルトとの遭遇について述べた時、介川が鯤《こん》という、書道に優れた少女を連れていたと書いた。その少女との出会いについては、文政九年（一八二六）年三月二十二日の記事に出てくる。

この時、介川は出張で京都にいた。京都の館入、山下惣左衛門の接待に出かけた料理屋で、両親とともに紹介されたのである。

この間江戸より参りおり候東海と号し、名は阿鯤《あこん》と申候十歳になり候女子参席いたし候。懐素《かいそ》の風を慕い候よし。揮筆《きひつ》風雨の如し。大字小字望《のぞみ》に随ひ、天然素袍《てんねんそほう》ニ候。詩などよく暗誦いたし自在に認《したため》候。筆法位地とも無法間然、驚嘆に堪えず候。

十歳にして筆を自在に操る少女に、驚きをかくせない介川の様子がわかる。「これまで少年書を善く候ものも数人見候へども、かゝる神のごとく成ものハ見申さず」と絶賛している。

鯤は、越後の生まれで両親とともに江戸へ転居。江戸では江戸城西の丸にも召され、また京では仙洞御所《せんとうごしょ》(上皇の住まい)に招かれて書を披露したという。

介川は、よほどこの少女を気に入ったらしく、親子が大坂へ出てくると、いろいろな人の集まる場所に連れて歩き、自慢げに商人たちの前で書を披露させている。そして、得意げに、「いつれも感嘆いたし候」、「いつれも肝を潰し候」、「いつれも瞠然驚嘆也」と書くのが常である。

文政十年（一八二七）八月二十二日には、「東都十一歳阿鯤会主ニて今日浮瀬《うきせ》において酒楼書画会いたし候」とあって、客を招いて鯤の席書会を催したらしい。「惣人数四五百人もより申すべきや、盛会ニ御座候」とある。

実は、この少女、稲葉鯤（号は東海）という名で知られ、近世後期から明治にかけて活躍した書家である。秋田魁新報社の『秋田人名大事典』では、「天保三年秋田藩用達岡村七郎（屋号岡武か）と結婚」と記している。

右の記述の典拠は、昭和九年（一九三四）に謄写版で出された宮野由松《みやのよしまつ》編『鯤女の話』のようである。このなかで、東山太三郎《ひがしやまたさぶろう》氏が、介川に結婚を報告する天保三年（一八三二）の鯤自身の書簡を紹介して、封に「岡武」とあるとし、また安藤和風《あんどうわふう》氏が「秋田藩の用達岡村与七郎に嫁し」と述べている（ただし、この書

図27　稲葉鯤一〇歳の書。秋田市立千秋美術館所蔵。

簡の実史料はない)。しかし、「岡武」が屋号であるとは思われない。

介川は天保三年三月に江戸から大坂に登る。東山の紹介する鯤の書簡では、「結構なる御腰帯、御遠方有り難く御祝納」とあり、これが真実だとすると、鯤の結婚は同年一月から三月の間でなくてはならない。

介川の日記では、同年一月三日の条に、「鯤女事、山崎屋寿之助へ縁組の事如何と、内々治兵衛より申来」とあり、翌日「鯤女の縁組随分宜しかるべく」と返事を出している。山崎屋寿之助は、館入の一人山崎屋与七郎の実子で、家督を継いで与七郎を名乗るから、安藤氏が言う「岡村与七郎」がこれにあたる可能性はある。とすれば屋号は「山崎屋」であり、『秋田人名事典』がいう「岡村七郎」は「与七郎」の誤りであり、「岡武」については不明である。いずれにしても鯤は大坂商人に嫁したのであり、秋田の地とは無縁であったから、『秋田人名大事典』で鯤をとりあげたのは誤解をまねく結果となっているのではないか。ただ、秋田にも鯤の書がいくつか残されているのは、介川が後援者であった関係によると推測される。

ただ、不思議なことに、天保三年以降、介川の日記には鯤に関する記事が見えない。山崎屋与七郎と結婚したのであれば、相応に交流があったはずである。

## 伊勢道中にぎやかに

文政十年（一八二七）年三月、介川は伊勢神宮に代参した。このことは「日記」にも出てくるが、原本に乱丁があるようで正確に読み取れない。さいわい「大坂紀事」（県公文書館）という史料に伊勢御代参についての要旨があって、そこに介川の「日記」の引用がある。

これによると、一行は、馬一匹に、介川の家来一人、小姓二人、鑓箱《やりばこ》・挟箱《はさみばこ》・合羽（雨具）箱などを運ぶ者それぞれ一人ずつ、草履取《ぞうりとり》・駕籠夫四人、日雇頭の者一人、そのほかに勘定吟味役の小野崎武兵衛とその家来とあるから、総勢一四名をこえる。藩主にかわっての「御代参」ともなれば、私的な日記とはいえ、思いのままに書きつけることはできなかったのか、伊勢社における参拝の段取りについては詳細に記録しているが、他はそっけない。途上の奈良見物も、「朝の内南都見物、それより出足《しゅっそく》、三輪社へ参詣、初瀬へ七ツ頃着、長谷寺へ参詣」とあるだけである。

伊勢御代参は、以前は毎年のことであったが、財政事情から次第に間があき、介川が参詣したころは五年に一度になっていたという。これは大坂留守居役の重要な務めであった。

ところで、この「日記」とは別に、介川がこの時の「御代参」の旅行中のことを書いたものに「御代参道の記」という史料がある。これは、道中の様子を家族に宛てて書いた書簡と思われるものだが、「日記」より洒脱な文章で、内容もはるかに面白い。以下に、その大要を紹介しよう。文中の「　」の部分は原文のままである。

＊　＊

三月十一日。御代参御用のため明け方出発。七つ半ごろ奈良に着く。宿屋はどこも伊勢参拝の客で大忙しの様子。今年は近年まれなる参拝客の数だという。

十二日。朝七つごろより起き春日大社《かすがたいしゃ》に参拝。東大寺の大仏や興福寺を一見し、宿

図28　伊勢参拝客でにぎわう古市。
「伊勢参宮名所図会」。三重県総合博物館所蔵。

に戻り出発する。七つごろ八瀬《やせ》に到着。その足で観音（長谷寺《はせでら》観音）へ参詣。桜が満開である。絶景。八瀬へ一泊する。

十三日。明け半ごろ出発。今日は山道で見どころはないが、参宮する人は多い。多くはおそろいの着物を着て、伊勢音頭を歌いながら歩いている。一〇人二〇人と連れだって往来する男女が後を絶たない。

きれいな十六、七の娘さんが鼠色の合羽《かっぱ》にビロードの襟《えり》・脚絆《きゃはん》などおそろいの姿での五人連れもあれば、老婆が孫を連れているもの、母親や姉など数十人連れの一行、また馬に乗る者、駕籠で行く者、さまざまである。通りの茶屋では、往来の旅行客を呼び込む女たちの声がかしましい。

「おやすみなさりませ、御よりなされませ、おかけなさへまし、おとまりなさりませ、おまん（饅頭）のあついのも出来てござります、湯もわいてござります」などと声々によびかけ、旅人をむりむりと引き込み、それから逃げようとして駆けだす者もいて面白い。

七つ半ごろ阿保《あお》（三重県伊賀市）へ着き一泊。宿屋には何人泊っているのだろうか。湯に行き来する足音が絶えない。私の湯は場所を区切ってもらったが、すだれ一枚を隔てて話し声が聞こえてくる（口絵2頁下段）。

「おまへさんどこでござります」「わたくしハばん州でござります」「おまへさん」「ハへ、わたしハ紀州でござります」「何日に御立《おたち》なされましたの」なんのと、いろいろ話している。あんまを呼び、寝る。

十四日。阿保《あお》峠という難所を越えて少し行くと、幼い女の子が泣きじゃくっている。尋ねると、播州から一八人連れでやってきたがはぐれてしまったという。家来たちもかわいそうに思い、いろいろ声をかけるが泣きやまない。歳を聞くと十二歳だという。一〇〇文あたえ、菓子などくれてやる。家来たちもそれぞれ銭をあたえ、餅を食べさせている。新しいわらじをはかせ、笠をかぶせなおし、いろいろ介抱してやったが、いつまでもそうしているわけにもいかず、先で連れの者をみつけて迎えをよこすと言い聞かせてその場を離れた。それから三里ばかり行くと、娘の連れの一人という十五歳ばかりの男子が娘を待っていた。さらに一里ばかり行くと一八人ほどたむろしている。聞くと遅れた娘を待っているのだという。けしからん連中である。

五つごろ松坂へ着く。宿大和屋。泊り客が三〇〇人もいるという。座敷は爪もたてられぬ状態である。

（十五日に伊勢神宮に着いた介川は、翌日の十六日と二日間にかけて代参を終える。十五日には神楽《かぐら》の奉納、十六日には長裃《ながかみしも》で両宮へ御代拝を済ませ、その足で古市《ふるいち》まで足を勧め、同所で一泊している。古市は伊勢参宮途上にある宿駅で、大勢の参拝客で賑わった）

先年訪れた時は伊勢音頭を見ずにしまったので、話の夕ネと思って見に出かけた。席にはビロードの籠布団《かごぶとん》が敷かれ、金蒔絵《きんまきえ》の煙草盆・菓子・手がけなどが出されたが、これだけで二歩《ぶ》（一両の半分）である。ばからしいことだが、まことに名物というにふさわしい。

十七日。松坂へ着く。あいかわらず呼び込みがかしましい。宿はまた大和屋。泊り客は三〇〇人ともいう。とにかくにぎやかで、朝も七つごろ（午前四時）からみな起き出して騒いでいる。私も少しも眠いとも思わず、同様に起きた。十八日。少し雨が降っているが風もなくかえっていい。

十九日。鈴鹿山《すずかやま》を過ぎ、ある立場《たてば》（宿駅間にある休憩所）で休む。両側に並ぶ茶店の呼び込みが賑やかで雀のようである。

「どなたもおはよふござりましたな、おやすみなさりませんかな、一つふく（一服）おあがりなさりませんか」などといって、三人ぐらいずつ外へ出て、通る者の襟をむりやりつかんで引っ張り込もうとする。旅人はそれから逃げようと懸命だ。すると、「はなしハいたしませぬ、おやすみなさりませ」などといい、力の限り引き込むので、しかたなく入る者もおり、またようよう逃げ出す者もいて、そのおかしさといったらない。

二十日。明け時、石部《いしべ》を発つ。このあたりの宿屋はたいへん丁寧で、家来たちにもねぎらいの言葉をかけて送り出してくれる。

昨日、ある立場で、渡り人足たちが（我々を見て）「鑓《やり》印のなべハ東海道でハ紀州様と筑前様ばかりだが、いらへよく揃ふたおとこぶりの行列、どこだろふとおもふたに、ハア秋田様だナ、よくそろつたナ」と何度も言う。いずれにもよい殿様との取り扱いゆえ不自由はないものの、さてさて金がかかるばかりである。

明日は、三井寺《みいでら》の御代拝。京都館入《たちいり》の山下惣左衛門らが大津まで来てくれた。鴻池新十郎や塩屋惣十郎も京都に来る予定で、京の蹴《け》り上げで私を迎え、それより花見に行く予定であるという。

＊　＊

以上は、介川が国許の家族に送った手紙である。介川の遊び心が現れていてじつに生き生きとしている。「日記」では、風呂場での客の会話や宿駅での客の呼び込みなどの場面は出てこない。まして「伊勢音頭」の見物に金二歩も遣ったことなどふれもしない。なお、この史料は、嵯峨稔雄氏によって、その全文が翻刻されている（『秋田史苑』三一号）。

## 商人ら総出で見送る

天保三年八月に着坂した介川は、同六年三月に江戸廻りで帰国の途につく。足掛け四年におよぶ在坂だった。これほどの長い出張は例がない。天保六年になると、日記には「餞別」と称して館入との送別会の記事が多くなる。

介川は、大坂在勤中に天保飢饉対策として取り組んだ調達銀交渉の功績が評価され、禄高五〇石を加増された。介川はその祝いとして、館入たちを招き一席を設けている。その料理は次のようである。

雑煮もち・吸もの［鯉］・小皿・吸もの［ひれ］・香のもの・五菜［本膳、汁・膾《なます》・一ツへぎ香のもの、二の膳、平《ひら》（底の浅い食器。内容は不明）・茶碗蒸し・焼物［大鯛］・

引もの・菜ひたし・吸もの・蒸菓子・きんとん〔紅白〕・薄茶〔干菓子付〕・煎茶

この料理が出されている間は、儀式的な場で、これが済むとあらためて住吉屋へ場所を移して酒宴となった。出席できなかった者へは、膳・焼物・菓子をわざわざ届けさせている。また、付き合いがありながら招待しなかった者には赤飯と鰹節を贈っている。

三月六日、いよいよ大坂を発つ日となった。旅宿を出て屋敷へ赴くと、見送りに多くの館入がすでに集まっている。和田（辰巳屋）猪之助・山下八郎右衛門・高岡吉右衛門・大坂屋久左衛門・長浜屋源左衛門・助松や伊兵衛・伊勢屋東四郎・加島屋三郎兵衛・鴻池庄兵衛・辰巳屋佐助・同長兵衛・近江屋儀作・加島屋彦七・久々知屋吉兵衛・山下休兵衛・百足屋《むかでや》太右衛門・北国屋平右衛門・山下茂兵衛・加島屋小七・同清七・山崎屋一郎兵衛・雑賀屋《さいかや》七之助・雑賀屋庄三郎——らである。

それぞれ離盃の儀式を簡単に行い、「夜食」（夕食）を食べ、暮れ近くになって船に乗り移る。屋形船《やかたぶね》であったろうか、桜ノ宮辺りまで見送るといって、山中（鴻池）新十郎・梶川（塩屋）市之助・鴻池清八・塩屋茂助・加島屋弥十郎・山崎屋与七郎・雑賀屋七之助・久々知屋吉兵衛・鴻池庄兵衛・鴻池太蔵らも同様船に乗り込んだ。「暫別酒《しばらくわかれざけ》を斟《くみ》夜五ツ半頃別ル」とあるから、夕方の六時ごろから八時ごろまで船中で酒を飲み、別れを惜しんだのである。

介川の信頼厚かった加島屋作兵衛も来るはずだったが、体調がすぐれないということで、前日介川の旅宿を訪ねてすでに挨拶をすませていた。それぞれの支配人として交流のあった鴻池幸八・塩屋平蔵・加島屋要助らは、流行の風疹のためにこられなかったと記している。しかし「惣《そうじ》てにぎ〳〵しく出立いたし候」という旅立ちであった。

四つごろ（午後一〇時ごろ）伏見に着くと、京都の館入たちが見送りのため、一〇人ほど集まっている。「別酒を酌八ツ以前立、七ツ頃より雨、七ツ時過大津伊賀やへ着」とあるから、深夜の二時ごろまで酒を酌み交わし、明け方の四時ごろ、

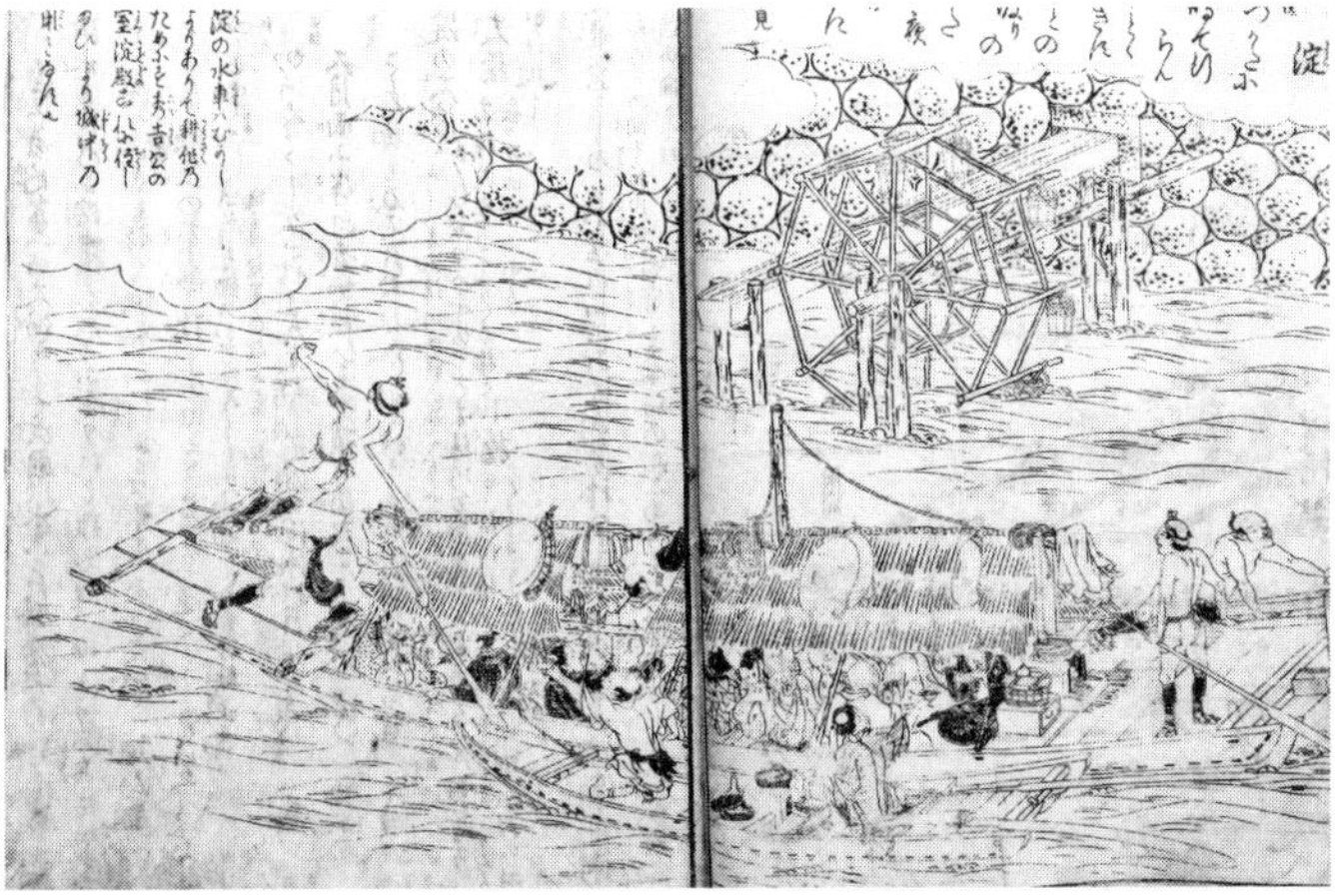


図29　淀川舟下りの図（「都名所図会」）。秋田県公文書館所蔵。

ようやく大津の宿に着いたのである。

こうした情景は、多分に儀式的な側面もあろうが、立場は異なるけれども、たがいに駆け引きをしながらも、なんとか難題を切り抜けたという思いもあったのではないか。

## 隠居後も絶えぬ交流

天保九年（一八三八）、介川は隠居する。後に右筆《ゆうひつ》支配、学館担当として復役するが、その間も上方から訪問者や情報はあとを絶たなかった。

大坂からやって来た館入やその支配人はかならず介川のもとを訪れている。もっとも多いのは久々知屋吉兵衛であった。久々知屋は天保十年から十一年にかけて、金札発行の件で幾度か秋田を訪れている。当時、秋田領内では預札《あずかりふだ》と呼ばれる粗悪な銭札が流通し、そのため金銀相場や物価が高騰し、その対策のため藩から招かれたのであった。

同十一年三月、金札の発行が内々決定して介川宅を訪れたさいには、「この一件が藩内で決定しないうちにあなた様を訪問したのでは、痛くもない腹の内を探られ、ご迷惑をおかけするかと思い、訪問を控えておりました」と述べている。このことは、介川が藩内きっての大坂通《つう》であり、館入とも一方ならぬ親交を保っていると、周囲からも認識されていたことを物語る。

久々知屋は、秋田を離れても貴重な情報を介川にもたらしている。たとえば天保十年の暮れには、兵庫で秋田米が一石五〇目まで下落したことにふれ、

北国《ほっこく》の虫付等少しも響《ひびき》申さず、御国ニて加越《かえつ》等の虫入なと御見込《おみこみ》成され候てハ思間違《おもいまちがい》ニこれあるべく存奉り候。

と報告してきている。「加越」とは加州・越後（現在の石川・新潟）のことで、「北国」とは北陸地方をさす。その地域の虫害は米相場に影響をあたえておらず、もし秋田藩が、加州や越後の虫害による米価の高騰を見込んで米をたくさん回漕しては大きな誤りを犯すことになるとアドバイスしているのである。

また天保十二年一月には、次のように助言している。

昨年帰坂の後備中へ罷り越し、御国より凡三百七八十里の間、御国程の作ハ見当《みあたり》申さ

ず、ほかは皆劣り候事ニ候えば、春ニなり候ハヽ米価引上申すべきや、

昨年秋田から大坂へ帰って、備中に出かけたとある。つまり短時間のうちに東北から備中まで米の作柄をみる機会があったが、「御国（秋田）より凡三百七八十里の間」、いずこも秋田におよぶところがないと言い、よって秋になれば米価が上がるであろう、と指摘している。

また、同じく大坂館入であった山崎屋与七郎は、天保十年二月、所用で出かけた津軽の帰りに介川宅を訪問し、「津軽の義非常の差迫《さしせまり》、昨年の作ハ弐歩七リンならてこれなく、（中略）四月ニも相成候ハヽ、如何様《いかよう》の事ニ相なるべく候や、恐るべき義」という情報をもたらしている。昨年の弘前藩の作柄は、通常の三割弱だった。四月になればどのような事態になるか、考えるだけで恐ろしい、というのである。隣領の凶作が流民などの移動を引き起こし、自国にも大きな影響をおよぼすことになるから、こうした情報は看過できない貴重なものだった。

職を辞してからなお続いている館入たちとの交流は、五度にわたって大坂詰を経験した介川の、大きな財産だったことがわかる。

# おわりに ――財政と民政のはざまで――

鴻池と塩屋が藩の蔵元に就任することが取りざたされたさい、すでに勘定奉行の役にあった介川は、懸念を表明している。それは次のような理由によっていた。

> 支配人差下《さしくだし》、悉皆御内証《しっかいごないしょう》相心得申すべく、尚御米銅鉛等惣て一手ニ相纏められ候てハ諸事制せられ候振合ニ相成、并《ならびに》ほか御館入《おたちいり》自然手を引候様ニ相至《あいいたり》、かえって当時（現在）の義宜《よろ》しからず筋もこれ有《ある》べきや。

支配人などが国許にやってきて、藩の台所事情を把握されてしまう。また、米・銅・鉛など、藩にとって重要な産物を一手に握られてしまう。さらに、他の館入らの離反を招くという懸念も示している。このほかにも、蔵元への依存が強まると気の弛みも生じるとも言っている。しかし、この時の蔵元の件は、藩主の佐竹義和自身の意思で決定されたのだっ

た。（佐竹文庫「用向書留」、県公文書館）。

その後、介川自身が大坂詰を経験して館入たちとの交流を深め、とりわけ天保三年・四年の凶作・飢饉を乗り切った。そうした介川のなかに認識の変化はみられるのだろうか。天保五年（一八三四）、藩は、飢饉で疲弊した農民たちに対する撫育《ぶいく》策として、天保四年の年貢諸役の未納分はすべて免除、同五年の分については長期間の年賦とするという方針をうちだした（金森『藩政改革と地域社会』）。領民からみれば、まさに領主の「仁政」である。

ところが、当時まだ大坂にあった介川はこれに反対した。介川は言う。

「今回は銀主たちのおかげで何とか持ちこたえた。それはつまるところ、わが藩の堅実さと誠実な対応が評価されたからである。まして今年の春、国許から家老の小野岡様が登坂し、（藩主の）「御直書」をもって依頼したことでもあり、もし次年より返済についての約束を反故《ほご》にするということにでもなれば、財政はどのように取り崩れるかわからない」と（天保五年十一月八日）。

右の国許での決定は、天保飢饉という惨状への対応であり、それはそれでやむを得ない対応であった。介川もそのことは十分承知であったろう。しかし、国許の決定では、一時的にせよ藩の収入は途絶える。これでは、銀主への返済はできない。まして、銀主に対しては厳しい条件でのがまんを強いておいて、自国では年貢もゆるやかにするというのでは、藩の体面が立たないという思いもあった。

国許の社会状況の回復を優先するか、館入たちへの対応を優先するか、これは大きな葛藤であった。その結果、介川は、後者を選んだというわけではないにしても、無視できないという強い思いを主張している。

ここに、国許で農民たちの惨状を目の前にして奔走せざるを得なかった郡方役人たちのような民政官僚と、その状況時に大坂にあって財用対策に集中していた財政官僚との認識の違いがあらわれている。介川は意識していなかったかもしれないが、彼の中には上方銀主からの協力のない藩財政など、考えられないものとなっていたのである。

仙台藩の蔵元を務めた升屋平右衛門の支配人山片《やまがた》小右衛門（著名な町人思想家である山《やま》片蟠桃《がたばんとう》の子）は、天保三年に、借財を当然とした仙台藩の財政のあり方に苦言を呈している（「大文字屋升屋移代留」、宮城県図書館所蔵）。借財を当然とした考え方に立っていてはだめで、さまざまな手段で備金を蓄えることが必要であり、そのうえで時に臨んで借財を申し入れるという姿勢を持つべきだというのである。また、多額の借財を成功させた家臣を能力のあるものと評価してはいけないとも言っている。

右のような観点に立てば、介川のような立場は批判の対象になるだろう。だが、その評価は、秋田藩の財政構造がどのようなかたちをとっていたかによって異なってくる。山片小右衛門がいうように、備金を蓄えたものであったのかどうか。史料を読めば財政破たんだけが印象付けられる言葉が目に入る。しかし、近年藩財政のしくみをとらえ直す研究が複数出されている。史料の残存条件にも左右されるが、秋田藩もそのような観点からの再検討が求められている。

# あとがき

「介川東馬日記」との出会いは三十年以上も前にさかのぼる。当時、久保田城址の堀端にあった秋田県立秋田図書館に、マイクロフィルムとして所蔵されていた。しかし、いつ、誰が、何の目的で撮影したのかはっきりせず、所蔵者の方の確認を得ないまま利用することにためらいを覚えた（もっとも、昭和四十年に刊行された『秋田県史』資料編近世上に一部抄録されているので、これがそのさいに撮影されたものであること、その時点では所蔵者の方から利用許可が得られていたことは推測できた）。その後、転勤で学校現場へもどった私は、この史料のことはすっかり忘れてしまった。

二〇〇七年に県公文書館に赴任した。先のマイクロフィルムは同館に移管されていた。そして、若い職員の働きもあってようやく「介川日記」の現在の所蔵者の方と連絡をとることができた。原本は現在もその所蔵者（介川東馬のご子孫）のもとにあるが、マイクロフィルムの使用については快くご許可いただき、現在秋田県公文書館で写真本として閲覧することができる。

全一二七冊からなり、表紙には番号の付いたラベルが貼られている（撮影される以前のもの）。一一〇番までが介川東馬（通景）の日記であり、一一五番から一二七番までは、その実子介川作美（通顕）の日記である。一一一番は「日記抄」で後日書かれたもの、一一二番は「松前津軽御加勢御備御用留書」、一一三番は「立帰登坂要用」（文政十一年）、一一四番は「京都略日記」（文化十年）となっている。

介川は、大坂に五回赴任している。

①文化十三年五月～同十四年十一月
②文政八年五月～文政十年九月
③文政十一年十一月～文政十二年九月
④天保三年八月～天保六年三月
⑤天保八年十月～天保九年六月

本書は、右の期間の記述から興味深い部分をつまみ食いしたような内容で、かならずしも大坂留守居役の役割を体系的に明らかにしたものではない。この点、（時間が残されていればの話だが）他の機会を持ちたい。

当初「秋田魁新報」に連載したものを中心に書き直したが、この間、日本（というか世界中）はコロナ禍の中にあり、遠出することができない状態におかれた。県内にほとんど親しい友人を持たない私は、臨時で採用していただいた現在の職場と自宅の行き来にとどまり、休みの日は文字通り「ひきこもり」の状態であった。月に二度の割合で秋田市立中央図書館明徳館に那波家文書の撮影でうかがうのが唯一の楽しみであった。

「ひきこもり」の間、介川の日記と那波家文書の解読に取り組んだ。日記に出てくる商人たちの言動に触れていると、ふだん付き合っている人々よりはるかに身近な存在に感じるようになった。これはあまりよいことではないかもしれない。客観的な視点をふみはずしてしまえば、歴史は学問でなくなってしまう。とはいえ、「ひきこもり」の中では、しばしばそうした感情にとらわれそうになったことは事実である。まして、介川をはじめとする当時の下級官僚の仕事ぶりは、たとえその目的が藩社会という体制の維持にあるとしても、嘘と忖度と無責任を顧みない現代の政治・官僚の世界と比較すれば、まだ誠意あるもののように思われた。

史料というものは面白いもので、こちらから意図しない状況で目の前に出てくることがある。「秋田魁新報」の連載が終ったあと、ある方から私に見てほしい史料があるという連絡をいただいてお邪魔した。そこで、見せていただいたのが「大坂御借財仕法留書」ほか、加島屋定八の書簡、当時大坂詰であった近藤瀬兵衛（勘定吟味役）や山崎甚五兵衛（同）の書簡などであった。書簡類はいずれも金易右衛門宛であった。伺うと、これらはご尊父が蒐集されたものであるという。必要なものがあったら譲ってくださるという。蒐集史料とはいえ、一群となっているもののなかから抜粋して頂戴することに躊躇したが、考えてみれば、現段階で加島屋定八の書簡などに県内で興味を示すのは私ぐらいであろう。何年間も介川の日記を通じて彼らの言動を目にしてきた立場からすれば、その書簡が私の目の前に現れたことに何かしらの縁を感じたものである。また、書簡類は、当事者同士が了解済みのことを前提で語るから、その背景がわからないとなかなか利用しにくい史料でもある。しかし、介川の日記でいくらか大坂の事情に通じつつあった私には、そこに書かれている内容がよく理解できた。そうしたことから、十数点の史料を頂戴して、そのいくつかを本書に生かすことができた。お名前をあげることは控えるが、本当に貴重な史料をご提供いただいたことにお礼申し上げたい。

また、前述のように秋田市立中央図書館明徳館では「那波家文書」の調査をさせていていただいているが、そこでも介川の日記と重なる人物に何人も「出会う」ことになった。同史料の本格的な分析はこれからだが、そのいくつかを本書で紹介した。お忙しいなか、いつも深切に対応してくださった調査室の方々に感謝申し上げたい。

すでに述べた通り、本書は「秋田魁新報」に連載した拙文をもとにまとめたものである。連載にあたっては、文化部の相馬高道さんに担当していただいた。相馬さんは、毎回冗長になりがちな拙文を簡潔なかたちに直してくださり、また読者の目にとまるような魅力的な標題をつけてくださった。今回一書にまとめるにあたって自分の原稿を読み直したが、変換ミスやら、脱字、文章のねじれなどが多いことにあらためて気づかされた。それらの一つひとつを相馬さんが直して下さったかと思うと申し訳ないこと限りない。この場をおかりして感謝申し上げたい。

また、高槻泰郎さんには、草間伊助の「むたこと草」についてご教示をいただいた。白井烈さんには、連載時に掲載した「肥後藩士上田久兵衛先生略伝年譜」という史料の中の図絵を紹介していただいた。その内容について丁寧にご教示いただいたにもかかわらず、私の理解不足から誤った解説文をつけてしまった。ただちに訂正文を掲載したが、それですむことではない。敬意を表して白石さんのお名前をあげたことがかえってご迷惑をかけることになってしまった。残念ながら紙数の都合で本書に掲載することができなかったが、この場をおかりしてお詫びするとともに、お二人には心から感謝申し上げたい。

一つの歴史ブームなのだろうか。書店にはさまざまな歴史に関する新書が平積みされている。確かに新書は、適度な教養と知識を得るには便利な書物である。だが、最近の新書には売れれば良いというレベルのものが多い。テレビでも歴史をとりあげる番組も多い。しかし、知名度にあぐらをかいて放言のしほうだいというものも少なくない。このような本や番組は論理的な思考力をやしなってくれない。名をなした研究者がなにをやっているのかとも思う。これではますます狡猾になってきた歴史修正主義とは対峙できない。歴史学が面白いのは、史料を読むことで事実を確定して、そこから社会像を造りあげていくという作業であるからだ。私自身はたんなる知識のためこみにはそれほど興味がない。事実の掘り起こしと、検証と、理論化（自己を国家・社会へ連接する）、これが歴史学の魅力である。

最後に、この最悪の出版事情のなか、相談にのっていただき、出版を引き受けてくださった秋田文化出版に対して厚く感謝申し上げたい。とくに校正をしてくださった方にはご難儀をおかけした。真に豊かで「文化」的な生活を維持するうえで、スポーツと文化は欠かせない両輪であると思うが、秋田はどちらかというと前者に傾斜しがちな土地柄であるような気がする。そのようななかで、本書出版の意義を理解してくださりご協力くださった秋田文化出版に心からの敬意とお礼を申し上げたい。

二〇二一年七月二十五日

著者

# 図版

口絵 「介川東馬日記」（写真本）。天保五年。秋田県公文書館所蔵。
介川東馬筆「伊勢参宮御代参道の記」。秋田県公文書館所蔵。
長山孔寅筆「米市の図」。大阪府立中之島図書館所蔵。
金易右衛門宛加島屋定八書簡（文政11年）。著者所蔵。

図1・図2 「増脩改正摂州大阪地図」。国立国会図書館デジタルコレクション。
図3 「介川東馬日記」（写真本）。秋田県公文書館所蔵。
図4 「大坂御蔵屋敷図」。秋田県公文書館所蔵。
図5 松茸狩の様子（『都名所図会』）。秋田県公文書館所蔵。
図6 住吉伊丹屋の図（『摂津名所図会』）。国立国会図書館デジタルコレクション。
図7 「大坂御借財仕法留書」。著者所蔵。
図8 「シイボルト観劇図并シイボルト自筆人参図」。国立国会図書館デジタルコレクション。
図9 長山孔寅筆「米市の図」。大阪府立中之島図書館所蔵。

図10 「浪花持丸長者鑑」。大阪市立図書館デジタルアーカイブ。
図11 「救荒食物図鑑」。秋田県公文書館所蔵。
図12 「天保凶飢見聞録」（個人蔵）。秋田県立博物館提供。
図13 「秋田藩米切手」。亀田和則氏提供。
図14 「堂島米あきないの図」（「浪花名所図会」）。国立国会図書館デジタルコレクション。
図15 「養蚕秘録」。国立国会図書館デジタルコレクション。
図16 那波家文書「絹払帳」（天保十三年）。秋田市立中央図書館明徳館所蔵。
図17 関喜内「秋田流養蚕伝来書編整之大意」。秋田県立博物館所蔵。
図18 銭札（吉成文庫）。秋田県公文書館所蔵。
図19 那波家文書「絹払帳」（天保七年）。秋田市立中央図書館明徳館所蔵。
図20 「道頓堀歌舞伎場」（「摂津名所図会」）。国立国会図書館デジタルコレクション。
図21 道頓堀芝居小屋顔見世「摂津名所図会」。国立国会図書館デジタルコレクション。
図22 金易右衛門宛近藤瀬兵衛書簡。著者所蔵。
図23 祇園会山鉾巡行の図「都名所図会」。国際日本文化研究センター所蔵。
図24 慶応四年豊年踊之図（「絵暦貼込帳」）。国立国会図書館デジタルコレクション。

図25 「歳内納相庭」。著者所蔵。
図26 「水野忠邦公御肖像」。東京都立大学図書館所蔵。
図27 稲葉鯤一〇歳の書。秋田市立千秋美術館所蔵。
図28 「伊勢参宮名所図会」。三重県総合博物館所蔵。
図29 淀川舟下りの図。「都名所図会」。秋田県公文書館所蔵。

## 参考文献

天野真志『幕末の学問・思想と政治運動 ― 気吹舎の学事と周旋 ―』。二〇二一年。吉川弘文館。

伊藤昭弘『藩財政再考 ― 藩財政・領外銀主・地域経済 ―』。二〇一四年。清文堂出版。

伊藤昭弘「草間直方が語る大名貸の虚実」『佐賀大学地域学歴史文化研究センター研究紀要』第一三号。二〇一九年。

今井典子『近世日本の銅と大坂銅商人』。二〇一五年。思文閣出版。

賀川隆行『近世大名金融史の研究』。一九九六。吉川弘文館。

金森正也『藩政改革と地域社会――秋田藩の寛政と天保――』。二〇一一年。清文堂出版。

金森正也「大坂留守居役と館入――天保飢饉前後の秋田藩と大坂――」。『秋大史学』60号。二〇一四年。

金森正也「秋田藩の上方調達銀運用と館入――文政・天保期を中心として――」。『日本史研究』664号。二〇一七。

金森正也「秋田藩における預札の発行と流通――一九世紀前半を中心として――」。『北の歴史から』第一号。二〇一九年。

金森正也「秋田藩における鰰漁と鰰干鰕専売制について」。『北の歴史から』第三号。二〇二〇年。

金森正也「大名家在坂役人と上方銀主・その交流と交渉――天保飢饉時の秋田藩を通して」。『弘前大学國史研究』第一四八号。二〇二〇年。

金森正也「蔵元就任の儀令」。『日本歴史』八七四号。二〇二一年。

斎藤信訳『シーボルト江戸参府紀行』。平凡社。

嵯峨稔雄「〈資料紹介〉伊勢参宮道の記」。秋田歴史研究会編『秋田史苑』三二号。二〇〇六年。

作道洋太郎『近世封建社会の貨幣金融構造』。一九七一年。塙書房。

新堀道生「寛政～文政期の秋田藩における行政資金の調達と金融政策」。『秋大史学』63号。二〇一七年。

高槻泰郎『近世米市場の形成と展開――幕府司法と堂島米会所の発展――』。二〇一二年。名古屋大学出版会。

高槻泰郎　『大坂堂島米市場』（講談社現代新書）。二〇一八年。講談社。
田中誠二　『萩藩財政史の研究』。二〇一三年。塙書房。
西村慎太郎　『宮中のシェフ、鶴をさばく ― 江戸時代の朝廷と包丁道 ―』（歴史文化ライブラリー）。二〇一二年。吉川弘文館。
根崎光男　『犬と鷹の江戸時代 ―〈犬公方〉綱吉と〈鷹将軍〉吉宗』（歴史文化ライブラリー）。二〇一六年。吉川弘文館。
藤原聡　『近世中央市場の解体 ― 大坂米市場と諸藩の動向 ―』。二〇〇〇年。清文堂出版。
宮野由松編　『鯤女の話』。一九三四年。
宮本又次編　『大阪の研究』３。一九六九年。清文堂出版。
森　泰博　『大名金融史論』。一九七一年。新生社。
『秋田人名大事典』。一九七四年。秋田魁新報社。
『秋田県史』第三巻近世編下。一九六五年。秋田県。
『秋田県史』資料近世編上。一九六三年。秋田県。
『新熊本市史』通史編第三巻近世Ⅰ。二〇〇一年。熊本市。
『新修大阪市史』第四巻。一九九〇年。大阪市。

《著者略歴》

**金森正也**（かなもり・まさや）

一九五〇年　秋田市生。

早稲田大学大学院文学研究科博士課程単位取得修了。

博士（文学）

**主な著作・論文**

『藩政改革と地域社会 ―秋田藩の寛政と天保―』。

二〇一一年。清文堂。

「秋田藩の上方調達銀運用と館入」（『日本史研究』六六四号）。

二〇一七年。

# 秋田藩大坂詰勘定奉行の仕事
―「介川東馬日記」を読む―

二〇二一年一一月二五日　初版発行
定価　一六五〇円（税込）

著　者　金森正也

発　行　秋田文化出版株式会社
〒〇一〇―〇九四二
秋田市川尻大川町二―八
TEL（〇一八）八六四―三三二二（代）
FAX（〇一八）八六四―三三二三

＊



ISBN978-4-87022-601-2
地方・小出版流通センター扱